Michael Schmitz

Creados para el amor

La atracción por el mismo sexo
y la Iglesia católica

Michael Schmitz

Creados para el amor

La atracción por el mismo sexo y la Iglesia católica

Traducido del inglés por
Pablo Bernal, Manuel Carrasco y Ester López

Revisado por
Pablo Cervera Barranco

BIBLIOTHECA HOMO LEGENS

BIBLIOTHECA HOMO LEGENS

Calle Nicasio Gallego, 9
28010 Madrid
91 005 35 54
www.homolegens.com

ISBN: 978-84-19349-95-8
Depósito legal: M-11251-2025

Título original: *Made for love. Same-sex attractions and the catholic church*
Traducción: Pablo Bernal, Manuel Carrasco y Ester López
Diseño de cubierta: Álex H. Poles
Maquetación: Juan Pablo Perabá

Impreso en España - Printed in Spain

Índice

Y VIO DIOS QUE ERA BUENO. LA CREACIÓN NO FALLIDA

El hombre ha sido creado con una nota que le diferencia del resto de las criaturas del mundo: solo él se parece a Dios, porque el Creador quiso hacerlo como un icono que se asemejase a Él: «Y creó Dios al hombre a su imagen, a imagen de Dios lo creó, varón y mujer los creó» (Gén 1,27). Rematará esa intención san Juan diciéndonos cómo es el *original*: «Quien no ama no ha conocido a Dios, porque Dios es amor» (1 Jn 4,8). Es amando como mejor expresamos nuestro *parecimiento* del Creador. Amarse no es una pulsión del sentimiento, ni una exigencia de los instintos, sino la expresión más cabal y acabada de nuestra identidad humana que nos recuerda y encauza la llamada primera que se nos hizo y el destino hacia el que inexorablemente caminamos. Hemos nacido para el amor, porque es Amor quien nos creó haciéndonos parecidos a Él hasta el punto de asemejarnos con su propio ser de Dios. Estos dos datos, Dios y el amor, han cruzado la historia de la humanidad poniéndonos a cada hombre y cada mujer en el quicio de nuestra verdadera identidad, que representa el acabado precioso y preciso que nos señala como la cumbre de toda una obra creada en la belleza y bondad originarias.

Recuerdo una anécdota que sucedió un día de clase a un grupo de jóvenes. Todavía me parece ver aquella escena en la que aquellos adolescentes vivarachos intentaban convencer al profe de religión de que su materia era abstracta, que no suscitaba ningún interés en sus vidas, que era un *rollo patatero*, como decían aún en una jerga aceptable dentro de su informalidad. Una chica preciosa y pizpireta argumentaba de este modo como delegada de curso ante el regocijo de sus compañeros, que veían al profe en un aprieto inusual. Pero este no se arredró, y aceptó el reto. Comenzó el diálogo.

—¿En qué órgano del cuerpo se esconde tu alegría? —preguntó el profe.

No lo supo decir, porque recordaba que tantas veces todo su cuerpo cantaba de gozo. —¿Y podrías decirme de qué color es el amor o dónde habita?

Del todo ruborizada por tan insólita pregunta, tampoco supo responder.

—Entonces... no existen ni la alegría ni el amor, si no sabes dónde anidan, qué color tienen, ni quién les da cobijo o se atreve a dibujarlos. Esto mismo sucede con Dios —remató el profe.

Y se quedó así ella, como muda, sin respuesta, totalmente pensativa, como el resto de sus compañeros de clase.

Aquel maestro lleno de sabiduría que conocí en Italia hablaba así a los jóvenes, a sus padres, planteándoles el sentido religioso de la vida. Citaba autores que, no siendo siempre creyentes, sin embargo, dejaban en sus poemas la evidencia más veraz de que en nuestro corazón hay siempre un reclamo que, si no lo censuramos o nadie nos lo censura, nos lleva hasta la misma pregunta por Dios. Mucho antes lo dijo el gran san Agustín en sus célebres *Confesiones*: «Nos hiciste, Señor, para ti, e inquieto estará nuestro corazón hasta que descanse en ti». Sí, somos un corazón inquieto. Lo decía el poeta Cesare Pavese: «¿Alguien nos ha prometido nunca nada? Entonces, ¿por qué esperamos?». Aparentemente nadie nos promete nada, pero nuestro corazón no sabe dejar de esperar: todos esperamos tantas cosas, que luego no coinciden con lo que nos brindan los paraísos del poder, el dinero y el placer, como decía Thomas Stern Eliot. Y, a pesar de ser una y otra vez burlados, chantajeados, engañados, hay un reducto del alma que no se rinde y vuelve a soñar, atreviéndose a esperar lo que su corazón inquieto le exige como belleza, como bondad y como verdad para las que nacimos, esas que coinciden con la entraña de Dios.

El proyecto originario de Dios para con su mejor y más acabada criatura tiene una nota que solo al hombre y la mujer se refieren: ser recíprocamente una ayuda complementaria: «El Señor Dios se dijo: "No es bueno que el hombre esté solo; voy a hacerle a alguien como él, que le ayude"» (Gén 2,18). Esta complementariedad abraza todos los factores escritos en nuestro ser: los elementos físicos y biológicos, los psicológicos y espirituales, abriéndonos a una atracción natural que nos sitúa siempre en el *éxtasis* de salir al encuentro de quien nos completa y complementa, sacándonos de nuestra *solitariedad*. No, no es bueno que el hombre esté solo, porque quien lo creó, y al que se le parece como más acabada semejanza, no es soledad.

Este libro aborda una cuestión totalmente pertinente cuando en la vida se da una quiebra como una especie de punto de inflexión en ese proyecto originario: que el *éxtasis* no sigue los dictados naturales que enarbola esa complementariedad masculina y femenina en todos los aspectos antes señalados, sino que aparece una especie de variante advenediza y extraña, pero patente y real en algunas personas, que no es fácil de explicar, ni sencillo acertar en el justo acompañamiento: la atracción por otras personas que no les complementan en todos sus factores constitutivos (físicos, biológicos, psicológicos y espirituales), pero no por ello dejan de experimentar misteriosamente la fuerza que los atrae aun siendo del mismo género sexual. De esto trata este libro con belleza, audacia y verdad.

Hay un texto bíblico precioso donde se dice que todo lo que hizo Dios goza de la dignidad amable y no del reproche odioso: Tú, Señor, «amas a todos los seres y no aborreces nada de lo que hiciste; pues, si odiaras algo, no lo habrías creado» (Sab 11,24). No tenemos un fallo creacional, no estamos mal hechos, aunque cada uno tenga en su alma y en su cuerpo la impronta original que la divina providencia ha querido regalarnos. Así se entiende lo que nuestro autor dice con enorme audacia:

> El cristianismo afirma que tu cuerpo es una parte esencial de lo que eres. Como el ser humano es una unión de cuerpo y alma, y como el cuerpo es bueno, al final de los tiempos, cuando la historia haya llegado a su fin, aquellos que alcancen la plenitud de la vida en el Cielo obtendrán sus cuerpos en una forma perfecta. Si eres hombre, serás un hombre para siempre, como Jesús. Si eres mujer, serás una mujer para siempre, como María. Entonces, ¿qué cambia el que seamos alma y cuerpo? ¡Mucho! Si eres tu cuerpo y tu alma, entonces lo que hagas con tu cuerpo sí importa. Esto es de sentido común. Si te regocijas con tu cuerpo, eres *tú* el que se está regocijando; si sufres con tu cuerpo, eres *tú* el que está sufriendo; y si cometes un pecado con tu cuerpo, eres *tú* el que está pecando. A esto se refería el papa san Juan Pablo II cuando dijo: «El cuerpo, y solo él, es capaz de hacer visible lo que es invisible. [...] Si tu cuerpo no es una parte esencial de lo que eres, entonces puedes usarlo como quieras, como un instrumento, pero si tu cuerpo es un aspecto vital de quién eres, entonces lo que hagas con tu cuerpo *importa*».

Esta es la cuestión: que no es indiferente el modo de mirar, tratar y vivir la propia verdad antropológica. De ahí que resulte un atentado contracultural el jugar a ser *dios*, queriendo modificar la naturaleza que se nos ha dado, queriendo elegir el género desde un transexualismo que destruye sin piedad, que altera fatalmente la armonía que se nos dio al crearnos como varón o mujer. No cabe el relativismo moral de quien caprichosa o frívolamente entra en un bucle de confusión a la carta, por más que vivamos en un momento en el que se abarata la identidad en este juego prohibido de ser *dios* modificando desde las ideologías de género en curso el proyecto creacional de Dios sobre la antropología humana, sexuada en cuerpo y alma de hombre o de mujer.

Se nos ha dotado de un cuerpo, que tiene relación con la psicología que lo orienta y con la afectividad complementaria que le da el significado. Esto supone que hay una armonía *creacional* que no permite en buena lid ningún estrago ni desgarro, ningún devaneo tergiversador. Pero surge la gran pregunta: ¿y si a pesar de toda esta cosmovisión se da en alguna persona una alteración que rompe tal armonía enfrentando su cuerpo con su psicología y afectividad? ¿Cabe pensar que aquí hay un defecto natural como si hubiera habido una distracción de Dios con uno de sus hijos al tener una inclinación y tendencia que no respondiese con el modelo estándar de la inmensa mayoría?

No me refiero a una disforia pretenciosa de quien travesea a ser mujer desde su condición masculina o travesea a ser varón desde su condición femenina. Ese juego puede tener muchas pretensiones, muchas intenciones, muchos puntos de partida y puntos de llegada, pero, en definitiva, sería fruto de la frivolidad irresponsable de quien entra en el divertimento tóxico de destruir por algún motivo su propia identidad. Por eso, al hacerme esa pregunta más bien me refiero a cómo enfocar la explicación de ese conflicto entre cuerpo, psicología y afectividad cuando te descubres con una tendencia no buscada ni fruto de los juegos prohibidos, sino sencillamente como consecuencia misteriosa de algo difícil de explicar: se da en ti... muy a tu pesar. No sabes explicarlo ni dar una salida que estrene o devuelva la paz a tu cuerpo y a tu alma. Se da en ti y no lo sabes gestionar.

Esta es la audacia humilde del libro que presentamos. Ayudar en este complejo y difícil acompañamiento de una realidad en conflicto que no es fruto de una torpe aventura ni representa una transgresión, pero genera un tremendo sufrimiento al querer conciliar lo que en esa persona se vive con enfrentamiento íntimo. No es fácil entender que, sin ser fruto de una decisión pretomada desde la frivolidad inmoral o amoral, sin embargo, una persona experimenta una atracción por las personas del mismo sexo. Hay razones que se siguen de una descompensación hormonal o de otro tipo de desajuste biofísico o una alteración biopsíquica que termina por condicionar el equilibrio personal también en lo físico o en lo psíquico.

Decimos que estamos ante un misterio, no ante un fallo creacional por el que pudiésemos imputarle a Dios mismo la devolución de una presunta dignidad perdida o el reembolso del precio de nuestra vida única y preciosa ante su mirada. Un misterio que es preciso saber acompañar con delicadeza en el tratamiento del asunto, pero también con una verdadera libertad a la hora de recordar cuáles son los derechos y deberes ante la fidelidad moral que cualquier persona tiene ante sí, sea cual sea su condición sexual. Tal y como dice el autor al hilo de la dimensión unitiva y la procreativa del acto sexual:

> ¿Cómo llamamos al hecho de que alguien quiera ir en contra del *fin unitivo* de la unión sexual? A veces, en los casos extremos, lo llamamos agresión sexual o violación, aunque en la mayoría de los casos es el uso egoísta de la otra persona. Y ¿cómo llamamos al hecho de que alguien quiera ir en contra del *fin procreativo*? Se llama anticoncepción: tener relaciones sexuales con la intención de impedir la procreación. En otras palabras, la anticoncepción quebranta la naturaleza inherente del acto sexual. Y esto tiene consecuencias para la *persona*.

Esta es la labor que la Iglesia ha querido desde siempre brindar a este tipo de personas que adolecen y sufren esta disfunción en su organismo físico y en su inclinación afectiva y sexuada. No se trata de consentir con un determinismo anárquico, ni de censurar con implacable intolerancia, sino de acompañar con delicadeza recordando la primacía de la verdad moral en toda inclinación afectiva y sexual para que cada hombre y mujer vivan en coherencia las exigencias éticas que se derivan del Evangelio de Cristo.

El Catecismo de la Iglesia católica lo decía con meridiana y delicada claridad:

> La homosexualidad designa las relaciones entre hombres o mujeres que experimentan una atracción sexual, exclusiva o predominante, hacia personas del mismo sexo. Reviste formas muy variadas a través de los siglos y las culturas. Su origen psíquico permanece en gran medida inexplicado. [...] Son contrarios a la ley natural.

> Cierran el acto sexual al don de la vida. No proceden de una verdadera complementariedad afectiva y sexual. No pueden recibir aprobación en ningún caso. [...] Un número apreciable de hombres y mujeres presentan tendencias homosexuales profundamente arraigadas. Esta inclinación, objetivamente desordenada, constituye para la mayoría de ellos una auténtica prueba. Deben ser acogidos con respeto, compasión y delicadeza. Se evitará, respecto a ellos, todo signo de discriminación injusta. Estas personas están llamadas a realizar la voluntad de Dios en su vida, y, si son cristianas, a unir al sacrificio de la cruz del Señor las dificultades que pueden encontrar a causa de su condición. Las personas homosexuales están llamadas a la castidad. Mediante virtudes de dominio de sí mismo que eduquen la libertad interior, y a veces mediante el apoyo de una amistad desinteresada, de la oración y la gracia sacramental, pueden y deben acercarse gradual y resueltamente a la perfección cristiana. (*Catecismo de la Iglesia católica*, nn. 2357-2359).

En definitiva, hemos de situarnos con la más sincera honestidad ante el misterioso designio de Dios para con cada uno, y pedir la ayuda a su gracia para no sentirnos una excepción licenciosa que se permite ir por libre aduciendo su particular tendencia hetero u homosexual. Sea cual sea nuestra condición, a todos por igual nos concierne y nos compromete moralmente la verdad antropológica de Dios para sus hijos. Por eso concluye nuestro autor:

> Las personas con atracción hacia el mismo sexo no son las únicas a las que les cuesta hacer la voluntad de Dios.

> Todos estamos llamados a decir sí a Dios en nuestra manera de vivir. Todos sentimos, de diversas maneras, la tentación de decirle que no y actuar según nuestra voluntad y en contra de la de Dios. A veces nos creemos que somos una excepción, pero en realidad no lo somos. No solo los católicos que se identifican como gais o lesbianas tienen la tentación del excepcionalismo. *Todos* estamos tentados de crear excepciones solo para nosotros. *Todos* estamos tentados de decir: «Sé que es lo que el Señor pide, pero es que *en mi caso* no es lo mismo». Estamos en el mismo barco, aunque nuestra vivencia de este viaje en barco sea algo diferente...Todos estamos llamados a la santidad.

Este es el gran reto que nos afecta a todos: llegar a expresar desde nuestra humana condición lo que Dios quiere de cada uno para llegar al destino eterno para el que fuimos creados. Es el amor lo que nos asemeja al Dios Amor que nos hizo. Y en el amor recto y verdadero expresamos nuestra imagen como verdadero icono de Dios. Cada uno tendrá que temperar sus pulsiones y tendencias, para no manchar esa imagen que nos hace semejantes a nuestro Creador, y en esto consiste la humilde ascética que purifica y ordena nuestro universo afectivo sexuado, sin dar rienda suelta a cuanto contradice la rectitud moral que en Jesucristo hemos aprendido, en la tradición cristiana hemos ido aquilatando y en los santos de todos los tiempos hallamos el espejo en el que mirarnos. Este libro es un bello ejercicio de diálogo con las personas que experimentan la atracción hacia las personas de su mismo sexo, sin claudicar de la verdad antropológica revelada y acompañando con paciencia misericordiosa las situaciones que nos desafían en el ofrecimiento de nuestra vida, buscando la gloria de Dios y la bendición de los hermanos desde una sana y santa conciencia que nos permite vivir el auténtico don de la libertad cristiana.

Fr. Jesús Sanz Montes, OFM
Arzobispo de Oviedo

PRÓLOGO A LA EDICIÓN EN EE. UU.

«Señor, ¿quién eres? Señor, ¿quién soy yo?». Esta oración, profunda y sencilla, parece hecha a medida para los jóvenes de principios del siglo XXI. Nos vemos embarcados, como nunca antes, en una búsqueda para definirnos a nosotros mismos, para entender lo que nos hace ser lo que somos, lo que pueda lograr que alguien se dé cuenta de que existimos y se preocupe por nosotros. El hecho de que esta oración la rezó a principios del siglo XIII el joven san Francisco de Asís nos recuerda que este anhelo humano es una experiencia universal. Sin embargo, es también un desafío: plantea la pregunta de un modo que hoy no suele valorarse.

«¿Quién soy?» es una pregunta importante, pero normalmente se la planteamos al público equivocado. No vamos a encontrar la respuesta en internet. No puede encontrarse con una convocatoria abierta, o con una encuesta *online*, ni medirse en *likes*, *shares* o retuits. Pero parece que, cuanta más conexión hay en redes sociales, más desconectada está la gente, y muchos jóvenes se encuentran gritando dentro del vacío del mundo *online* y aceptando la respuesta más estridente que les llegue de vuelta. Es fácil dejar que los otros nos definan, sin cuestionar si nos conocen o se preocupan por nosotros en absoluto. Los adolescentes y jóvenes adultos, en particular, afrontan muchos desafíos que traspasan el corazón humano, por ejemplo, cómo sobrellevar el cambio en los roles familiares, formar nuevas amistades, asentarse en nuevas situaciones vitales, o seguir una vocación o una carrera. Pero pocas experiencias son tan profundas —o tan potencialmente confusas— como comprender nuestra identidad sexual y dotar de sentido a nuevos e intensos deseos de intimidad, conexión y amor. Desafortunadamente, nuestra cultura secularizada no ofrece mucha ayuda: tiende a ser *subjetiva* («la verdad es lo que yo digo que es verdad»), *utilitaria* («lo mejor es lo que me consigue lo que quiero») o *hedonista* («lo mejor es lo que me proporciona más placer»). Si preguntamos al mundo «¿qué debería hacer con cómo me siento?», nos devuelve la respuesta: «Haz lo que te apetezca y lo que te haga sentir bien». ¡Así no estamos mejor que antes de plantear la pregunta!

Y cuando lo que estamos sintiendo ya es de por sí confuso, una respuesta confusa por parte del mundo no ayuda en absoluto. Todo joven siente atracción sexual; un deseo de estar en intimidad, física y emocional, con otra persona, de conocer y pertenecer a otra persona de una manera en que nadie más lo hace. Las atracciones sexuales están naturalmente orientadas a una persona del sexo opuesto, y juegan un gran papel para hacer posibles y deseables el matrimonio y la familia. Pero algunas personas, por diversas razones, sienten atracción por otras de su mismo sexo. Esta experiencia es difícil de comprender y puede dejarlas con la pregunta de qué significa eso para su identidad y para su futuro. ¿A dónde se pueden dirigir para obtener respuestas cuando están confusas sobre su sexualidad? El mundo parece decir que tener sexo es la experiencia más importante que se puede tener, que los deseos intensos de conexión son siempre deseos sexuales, que lo que sienten siempre está bien y que siempre tienen que actuar conforme a lo que sienten. ¿Ayuda realmente a alguien una respuesta como esta?

Creados para el amor supone una respuesta importante a estas preguntas sobre identidad y sexualidad. Como san Francisco, el padre Mike entiende que la única respuesta real a la pregunta «¿quién soy?» puede encontrarse en la pregunta «¿quién eres tú?». Es decir: solo puedo comprenderme a mí mismo comprendiendo mis relaciones, especialmente mi relación más importante y primera: la que tengo con mi Creador. Cuando reconozco a Dios como Señor de mi vida, entonces puedo preguntarle a Él: «Señor, ¿quién eres tú?». Su respuesta es algo que no podría haber esperado nunca: «Yo soy tu Padre. Soy tu Salvador. Soy la fuente de tu vida. Soy la meta a la que te encaminas». Cuando conozco la identidad de Dios, conozco la mía más completamente: «Yo soy tu hijo amado. Te pertenezco a ti. Todo lo que tengo viene de ti. Todo lo que soy me conduce a acercarme más a ti. Voy a escuchar tu Palabra y a seguir tu proyecto para mi vida».

En su bien conocido estilo coloquial, el padre Mike escribe sobre verdades que todos parecían dar por sentadas, pero que son absolutamente revolucionarias hoy:

—Tu existencia es un regalo. ¡Es bueno que existas!

—Tu cuerpo y tu alma son importantes.

—Hay una verdad objetiva detrás de todo, y tú puedes comprenderla.

—El sexo tiene un significado profundamente importante y tiene un propósito específico.

—Los sentimientos fuertes no siempre conducen a buenas decisiones.

—La amistad es amor real y no un premio de consolación.

—Puedes estar en desacuerdo con alguien sin odiar a la persona.

Más que nada, el padre Mike sabe de lo que está hablando y sabe cómo piensas. Ese conocimiento, combinado con su preocupación y compasión paternales, significa que *Creados para el amor* proclama un mensaje alto y claro: «¡Tú eres quien eres porque Dios te ama!».

Es un privilegio para mí trabajar con hombres y mujeres de diversas edades y entornos que están esforzándose por comprender sus experiencias de atracción por el mismo sexo y responder a lo que Dios les está invitando a hacer. Más que nunca, los jóvenes están enfrentándose al mismo desafío y esforzándose por dar la misma respuesta, y estoy agradecido de que *Creados para el amor* se haya escrito teniéndote a ti en mente. Según vayas comprendiendo más profundamente a Dios y su proyecto, espero que también te comprendas mejor a ti mismo y tus deseos y que vivas más plenamente como la persona que Dios te hizo, amorosamente, ser.

P. PHILIP G. BOCHANSKI
Director ejecutivo, Courage Internacional

INTRODUCCIÓN

—Pues... soy gay.

La persona más importante de mi vida me había llamado el día anterior y me había dicho que quería que fuésemos a Duluth, Minnesota, para hablar. Ahí estábamos, al día siguiente, paseando por la costa norte del lago Superior, y compartió conmigo una de las cosas más personales de toda su vida.

¿Qué se dice en un momento como ese? ¿Qué le dirías o qué harías si la persona que más quieres en el mundo te abriera su corazón?

—Tío... sabes que te quiero.

Lo abracé y me devolvió el abrazo. Era la tercera persona a la que se lo había contado y mi primer impulso fue hacerle saber que esta noticia no había cambiado nada. Seguimos andando y empezó a contarme su experiencia. Siempre se había sentido diferente. Siempre tenía ese tipo de agitaciones, pero intentaba, lo mejor que podía, ignorarlas por todos los medios o evitar pensar en ellas. Sin embargo, veintisiete años es mucho tiempo para llevar un secreto que pesa tanto, y necesitaba sacarlo fuera.

—¿No tienes... no tienes nada que preguntarme?

Pensé que era muy considerado por su parte que me preguntara eso, y yo solo tenía una pregunta: «¿Qué vas a hacer ahora?».

—¿Qué quieres decir? Soy gay... yo no elegí sentir lo que siento.

—Lo sé, sé que no lo has elegido... pero ¿qué vas a hacer ahora?

No lo tenía claro, y aún no sé si lo tiene claro, pero esta es la pregunta a la que se enfrenta todo hombre o mujer que experimenta atracción por el mismo sexo.

Escribí este libro para cualquiera que se haya visto afectado por la realidad de la atracción por el mismo sexo. Si has pasado por la vida sintiéndote siempre diferente, si es tu hijo el que siente atracción por el mismo sexo o si, por otro lado, quieres a alguien que experimenta atracción por el mismo sexo, he escrito este libro para ti.

No tienes que asustarte de nada de lo que vayas a encontrar en este libro, incluso si has lidiado, luchado y caído en el ámbito de la sexualidad. Las palabras de Jesús, dichas a una mujer después de ser expuesta por haber caído en la sexualidad, son la base de todo este libro. Los escribas y los fariseos, queriendo atrapar a Jesús, le preguntaron si deberían apedrearla como mandaba la Ley de Moisés. Jesús contestó: «El que esté libre de pecado, que tire la primera piedra» (Jn 8,7). Cuando los escribas y los fariseos se hubieron marchado, Jesús miró a la mujer y le dijo: «*Yo tampoco te condeno*; anda y en adelante no peques más» (Jn 8,11; cursiva añadida). Este encuentro es una gran noticia para todos nosotros. Ninguno de nosotros está libre de pecado, me incluyo sin duda alguna. Como el Evangelio de Juan dice unos capítulos antes: «Porque Dios no envió a su Hijo al mundo para juzgar al mundo, sino para que el mundo se salve por él» (Jn 3,17). Jesús no vino a condenar, sino a salvar, a sanar, a enmendar, a traer vida. Incluso cuando nos pide cambiar, lo hace para que nosotros podamos ser sanados.

Por eso, no vas a encontrar nada en este libro que sea una condena personal, lo que no quiere decir que este libro no sea retador. Seguir a Cristo siempre es difícil y exigente, pero siempre es posible y merece la pena. He lidiado con el tema de la atracción por el mismo sexo y cómo afecta esta lucha a personas cercanas a mí durante más de veinticinco años. Siendo muy joven me di cuenta de que la experiencia de sentirse atraído por alguien del mismo sexo iba a ser una realidad para muchas personas que quiero. Yo era un católico comprometido y sabía que la Iglesia católica tenía unas enseñanzas sobre la sexualidad que muchos encuentran exigentes. Pero también sabía que, quizás, algún día estaría llamado a ofrecer un mensaje de esperanza en medio de lo que puede parecer un bosque de noes y de prohibiciones. Desde mi experiencia personal, sabía que los católicos necesitarían entender el contexto de aquellas personas que sienten atracción por el mismo sexo. Sabía que habría sentimientos de culpabilidad, vergüenza y sospecha sobre el tema y que la Iglesia necesitaría mucha gente que hablara con compasión. Y eso es lo que yo quiero que sea este libro.

Este libro tiene la finalidad de explicar qué enseña la Iglesia sobre la atracción por el mismo sexo y por qué. Por eso, este libro es para personas que se ven afectadas por esa atracción. Sobre todo, quiero que todos los que lean este libro sepan que estas personas no tienen que enfrentarse a un «falso dilema», es decir, a una elección entre dos opciones, cuando *las dos* implican perder.

Este falso dilema sería: o bien sigues tu corazón o serás un desgraciado; o bien satisfaces tus deseos o te quedarás solo; o bien aceptas y acoges todo lo que otra persona decida hacer o la odias y la temes. Estas opciones son engañosas, porque ¿no hay ningún otro camino?, ¿no hay más opciones?, ¿no es posible vivir las enseñanzas del cristianismo y aun así ser feliz?, ¿no es posible amar al que tienes al lado y estar en desacuerdo con alguna elección suya? Yo creo que hay una tercera opción, hay otro camino.

1. Hay otro camino

Empecemos por el principio: «Es bueno que existas». Estas deben ser las primeras palabras que oigas. Cuando Dios Padre nos envió a Jesús, nos estaba diciendo lo más alto y claro posible a cada uno de nosotros que es bueno que existamos. Este mundo sería peor si no estuvieras aquí.

Me acuerdo de uno de mis mejores amigos de la universidad, Brian[1], que fue el padrino de confirmación de mi hermana pequeña. Brian se identifica como un hombre gay[2]. Es enfermero y tiene uno de los corazones más atentos y compasivos que he tenido el privilegio de conocer.

Pienso en una chica que se sentaba en la nave central de la iglesia a la que yo iba cuando era pequeño. Cogíamos juntos el autobús durante toda mi educación primaria. Se

---

1 Se han cambiado los nombres personales a lo largo del libro para proteger la privacidad de aquellos a los que se menciona.

2 Los lectores encontrarán los términos *gay* y *lesbiana* a lo largo de este libro. Los católicos a veces no se ponen de acuerdo sobre la pertinencia de estos términos. Algunos objetan que se suelen utilizar de tal forma que implica que alguien se pueda reducir a su orientación sexual o que este aspecto de la persona sea el más importante. Otros objetan que estos términos tienen connotaciones que no llegan a diferenciar entre una mera atracción sexual por el mismo sexo, por un lado, y la actividad genital entre personas del mismo sexo, por el otro lado. Otros insisten en que estos términos deberían usarse porque mucha gente decide utilizarlos para describirse a sí mismos y la forma en que cada uno se refiera a sí mismo debería ser el factor determinante para decidir cómo tienen que hablar los demás sobre ellos. En el libro utilizo gay y lesbiana cuando me refiero a cómo la gente se describe a sí misma, sin que por ello esté respaldando o de acuerdo con la intención de los demás en el uso que hacen de dichos términos. Varias personas que se identifican como gais o lesbianas me han contado que sus amigos homosexuales se sentirían más ofendidos si me abstuviera por completo de utilizar estos términos. Por otro lado, algunos se sentirán ofendidos o confundidos por este mismo uso, incluso de la forma limitada presente en este libro.

identifica como lesbiana y promueve a los que se han sentido fuera de lugar por su orientación sexual.

Pienso en mi antigua novia, Melissa, que trabaja con un sinfín de chicos jóvenes a los que han echado de sus casas y que viven ahora en la calle solo porque les dijeron a sus familias que sentían atracción por el mismo sexo.

Pienso en todos los jóvenes con los que he trabajado a lo largo de estos años. Muchos amaban a Jesús y a la Iglesia, pero sentían que no tenían cabida en la Iglesia católica porque se identificaban como gais o lesbianas.

Pienso en tanta gente que ha contactado conmigo por internet, que están luchando por vivir una vida fiel y casta, pero que les da miedo revelar a sus compañeros católicos que se sienten atraídos por el mismo sexo.

Pienso en el mejor amigo que tengo en todo el mundo, alguien que se autodefine como un hombre gay, y al que he dejado ir porque, demasiadas veces, no sabía qué decir. Sentirme incómodo es otra señal de que a veces veo al gay y no al hombre.

Esto no quiere decir que haya escrito este libro por sentimiento de culpabilidad. Está escrito por amor. No quiero reducir el amor, como hacen algunos cristianos, a algo así como: «Te quiero, por eso tengo que decirte en qué te equivocas». Escribo este libro porque sé (¡lo sé!) que muchas personas se han sentido poco queridas en la Iglesia católica, especialmente cuando se trata de hablar sobre la atracción por el mismo sexo. Estas personas se han sentido muchas veces rechazadas, condenadas e indeseadas.

De hecho, parece que cuanto más hablo con la gente, más claro se me hace que muchos miembros de la Iglesia podrían mejorar su forma de comunicar sus enseñanzas con amor. No quiero decir que las enseñanzas de la Iglesia no estén basadas en el amor. Estoy plenamente convencido de que todas las directrices que Cristo nos dio nos llevan a la libertad y al amor. Sin embargo, hay mucha confusión sobre lo que enseña la Iglesia con respecto a la sexualidad en general y la homosexualidad en particular, de tal modo que, a veces, a la gente le cuesta ver el amor detrás de la enseñanza de la Iglesia.

Mi objetivo es ofrecer algún contexto acerca de lo que la Iglesia enseña sobre la sexualidad, pero ten en mente que este es el comienzo de la conversación, no el final. Quiero sacar estos temas y hacer lo mejor que pueda para explicar el qué y el porqué, para que todos podamos tener un punto de partida y así dialogar unos con otros. Unos con otros, no sobre otros. Hay una diferencia.

Muy a menudo, la gente como yo dentro de la Iglesia hablamos sobre las experiencias de otras personas con un conocimiento limitado. Yo conozco mi experiencia y conozco lo que han compartido conmigo, pero no conozco *tu* experiencia, y comprendo que puede que tu experiencia no fuera positiva.

Aun así, a lo largo de este libro, no siempre utilizo ejemplos de personas que se identifican como gais o lesbianas, porque todos lidiamos interiormente con algo, y podemos abordar los temas en torno a la atracción por el mismo sexo de la misma forma que abordamos cualquier tema conflictivo. Centrarnos solo en ejemplos de personas que sienten atracción por el mismo sexo tiene el riesgo de fomentar una mentalidad de «nosotros contra ellos» en algunas personas. Podemos seguir el camino de la división humana entre nosotros y ellos, o podemos reconocer que no hay nosotros y ellos, solo hay nosotros. Todos nosotros estamos en la misma situación.

Para recalcar este punto, quiero repetir que es bueno que existas. Eres parte de un nosotros.

Algunas personas pueden pensar que la mera existencia de este libro es ya ofensiva, y lo puedo comprender. No quiero poner en tus manos otro libro tipo «aquí es donde te equivocas». Por eso, voy a hacer lo posible por situarme en la aceptación y la positividad. En efecto, quiero apoyar todo lo que pueda apoyar: los que se identifican como gais tienen dignidad, los que experimentan atracción por el mismo sexo son valiosos, los que tienen una lucha interna con su sexualidad son parte de la familia, es decir, parte de la familia humana; y, si son cristianos, parte de la familia de Dios.

En resumen, si sientes atracción por el mismo sexo, quiero que entiendas que, en lo que respecta a la Iglesia, perteneces a ella. Hay mucho que podemos decir en cuanto a cómo debería hacerse esto realidad, pero la afirmación de que debes formar parte es algo que hay que decir antes, durante y después de todo lo demás.

AL PRINCIPIO

Hace ya tiempo, estando yo en el seminario con veinticuatro años en Saint Paul, Minnesota, fui un fin de semana de descanso a casa y, cuando dejé mi mochila en mi antigua habitación, me percaté de un libro de dibujos que nunca había visto antes. Dos semanas antes mi madre había ido al funeral de un amigo suyo, y al final de la ceremonia alguien se puso de pie y leyó un fragmento de este libro infantil. Se llamaba *El próximo lugar* y trataba sobre la vida después de la muerte. Mi madre, que sabía que yo presidiría muchos funerales en el futuro, pensó que me gustaría tener una copia.

El libro era bastante inocente e interesante, con algunas ideas inofensivas sobre qué pasa cuando alguien muere. Tenía cosas que los católicos aceptaríamos y con las que estaríamos de acuerdo, como que habría paz después de la muerte, que nos reuniríamos con nuestros seres queridos, y que no habría más sufrimiento o dolor... todo cosas estupendas, por supuesto.

Pero un par de cosas me hicieron pararme. El libro afirmaba: «Mi piel no será oscura o clara. No estaré gordo ni seré alto. El cuerpo en el que viví una vez no será ya parte de mí»[3]. El autor del libro fue aún más lejos y escribió también esto otro: «No seré niño o niña, hombre o mujer. Seré yo, simple y llanamente»[4]. Entiendo que esto, en parte, se refiere a lo que es la muerte (la separación de alma y cuerpo), pero este escritor parecía que comprendía «el

3 Warren Hanson, *The next place* (Tristan, Minneapolis: MN 1997) [ed. esp. *El próximo lugar* (Waldman House Press, Saint Paul: MN 2010)].

4 *Ibid*.

próximo lugar» de una forma completamente distinta. Aunque la muerte esté marcada sin duda por dicha separación, la tradición judeocristiana tiene algo más que decir al respecto. En concreto, afirma que el ser humano es una unidad de cuerpo y alma, es más, decir que solo el alma es nuestro «verdadero yo» ha recibido una rigurosa condena como herejía.

Bajé las escaleras y fui a la cocina, donde mi madre estaba leyendo una revista.

—¡Oh!, ¿has visto el libro que dejé en tu cama? —me preguntó.

—Sí.

—¿Y qué te parece?

—Mmm... —no sabía bien cómo expresar mis discrepancias sin decirle la verdad de forma brusca—. Dice herejías.

—¿Qué? —dijo sorprendida mi madre—. ¡Pero si a mí me gustó!

—Bueno, entonces estaremos de acuerdo en que eres una hereje, mamá.

Nos echamos unas risas, pero en efecto había un problema más profundo con el libro.

Comprendo perfectamente el deseo de que el más allá sea un lugar de gozo y paz, un lugar donde seamos libres de las cosas que nos retienen en esta vida, y donde estemos liberados de las cosas que no nos gustan de nosotros mismos en esta vida (como ser alto o bajito, gordo o delgado, chico o chica); pero el libro entiende realmente mal una cosa: nuestros cuerpos no son una parte «accidental» de qué o quiénes somos.

Para tratar con honestidad la sexualidad y las enseñanzas de la Iglesia católica sobre cómo podemos vivir mejor nuestra vida como seres sexuados, debemos empezar respondiendo una pregunta básica: ¿qué es el ser humano?

Saber *qué* somos nos ayudará mucho a descubrir *quiénes* somos y *cómo* deberíamos vivir. Si no sé qué es una cosa, me costará trabajo entenderla y será casi imposible saber qué es lo mejor para esa cosa.

Saber qué es el ser humano es el primer paso para saber cualquier cosa sobre nosotros mismos. En el mundo de la nutrición, una vez que comprendemos la naturaleza del hombre, podemos saber cómo alimentarnos mejor. En el mundo del amor, una vez que sabemos qué es el ser humano, sabremos mejor cómo amar a otro.

1. Alma... ¿y cuerpo?

La mayoría de la gente percibe que el ser humano es más que solo átomos y células. Casi todos nosotros intuimos que la mente humana es más que circuitos neuronales y conexiones químicas. Percibimos que el ser humano no es solo eso. Usando la terminología cristiana, también tenemos almas. Para hacer una definición breve, la palabra *alma* viene del latín *anima*. El alma es lo que «anima» el cuerpo. No se puede medir y no se puede observar, pero no cabe duda de que sí se pueden observar sus efectos. Cobran mayor visibilidad cuando distinguimos entre un cuerpo vivo y uno muerto. Si alguna vez has estado frente a alguien que haya muerto, sabrás que hay algo diferente, que algo esencial se ha perdido. ¿Es el simple hecho de que el corazón ha dejado de latir o que el cerebro ya no estimula las neuronas? Posiblemente, pero creo que hay algo más. Nos damos cuenta de que el cuerpo humano sin vida parece una «cáscara vacía». Sin el alma, falta algo.

De hecho, decimos cosas como «ese no es papá» cuando lo vemos muerto en el tanatorio. Podemos apreciar que se ha quebrantado la integridad de la persona. Supongo que diríamos algo parecido si viéramos el espíritu de un ser querido; casi seguro que pensaríamos que hemos visto la «sombra» de la persona, porque un ser humano es la unión del cuerpo y el alma. Sin el cuerpo, falta algo.

2. ¿Pero qué es Lázaro, en cualquier caso?

Si tienes familiaridad con las Escrituras, seguro que has oído la parábola del hombre rico y Lázaro, que Jesús utiliza para enseñarnos cómo tratar a los demás y cómo nuestros actos en esta vida tienen un efecto en nuestra eternidad:

> Había un hombre rico que se vestía de púrpura y de lino y banqueteaba cada día. Y un mendigo llamado Lázaro estaba echado en su portal, cubierto de llagas, y con ganas de saciarse de lo que caía de la mesa del rico. Y hasta los perros venían y le lamían las llagas. Sucedió que murió el mendigo, y fue llevado por los ángeles al seno de Abrahán. Murió también el rico y fue enterrado. Y, estando en el Infierno, en medio de los tormentos, levantó los ojos y vio de lejos a Abrahán, y a Lázaro en su seno, y gritando, dijo: «Padre Abrahán, ten piedad de mí y manda a Lázaro que moje en agua la punta del dedo y me refresque la lengua, porque me torturan estas llamas». Pero Abrahán le dijo: «Hijo, recuerda que recibiste tus bienes en tu vida, y Lázaro, a su vez, males: por eso ahora él es aquí consolado, mientras que tú eres atormentado. Y, además, entre nosotros y vosotros se abre un abismo inmenso, para que los que quieran cruzar desde aquí

> hacia vosotros no puedan hacerlo, ni tampoco pasar de ahí hasta nosotros». Él dijo: «Te ruego, entonces, padre, que le mandes a casa de mi padre, pues tengo cinco hermanos: que les dé testimonio de estas cosas, no sea que también ellos vengan a este lugar de tormento». Abrahán le dice: «Tienen a Moisés y a los profetas: que los escuchen». Pero él le dijo: «No, padre Abrahán. Pero si un muerto va a ellos, se arrepentirán». Abrahán le dijo: «Si no escuchan a Moisés y a los profetas, no se convencerán ni aunque resucite un muerto» (Lc 16,19-31).

Como occidentales herederos de una perspectiva cristiana de las cosas, entendemos inmediatamente el meollo de la cuestión. ¿Cómo debería haber tratado el hombre rico a Lázaro? Debería haberse preocupado por él, ¿no? Debería haber hecho lo que otros tantos seguidores de Jesús han hecho a lo largo de la historia, esto es, no pasar simplemente por encima de Lázaro, sino hacer algo por este hombre sufriente, todo lo que pudiera hacer para ayudarlo a vivir. Ahora bien, ¿cómo percibe a Lázaro alguien que tiene una visión distinta del mundo?

3. Los distintos puntos de vista son, pues, distintos

Vamos a tratar de forma breve tres formas de ver el mundo y el ser humano. No todas las religiones enseñan lo mismo, ni todo el mundo cree lo mismo en cuanto a qué es el ser humano. ¿Cómo miraría a Lázaro un hindú? ¿Y un budista? ¿Cómo lo miraría un ateo? ¿Qué creen estos tres puntos de vista sobre qué es Lázaro? Veamos estas creencias para saber qué sostienen si las estudiamos a fondo.

3.1. La visión hindú del ser humano

Imaginemos que un hindú rico que vive en Bombay se acerca a Lázaro. Este pobre hombre está tirado en una cuneta, cubierto de llagas. No tiene familia ni trabajo, es uno de los «intocables». Entonces, al ser hindú, ¿qué debería hacer el hombre rico cuando vea a Lázaro?

Sorprendentemente (para nosotros), debería hacer lo mismo que el rico de la parábola. Debería evitar el contacto con el pobre, no debería tocarlo. De ahí viene el término tradicional *intocable*. ¿Qué puede explicar este tipo de comportamiento? Tiene que ver con la interpretación hindú de la naturaleza humana. Nuestra forma de ver la naturaleza humana determina cómo tratamos a las personas.

Desde una perspectiva hindú, Lázaro es un alma atrapada en un cuerpo. Lázaro no es su cuerpo, y el cuerpo no es Lázaro. Lázaro es solo su alma. Su destino es vivir bajo su karma en este cuerpo hasta que el cuerpo muera y su alma se reencarne (p. ej., con un cuerpo nuevo, y no necesariamente un cuerpo humano) una y otra vez hasta que consiga la unidad con el Atman.

Una vez estaba hablando con un joven hindú y me confirmó esta creencia. Me dio el siguiente ejemplo: imagina que vas de viaje desde Nueva York a California, pero tu coche se avería en Iowa. No abandonas el viaje, sino que tan solo compras un coche y sigues adelante. Aunque tu coche siguiera estropeándose y tuvieras que comprarte varios coches más, tu «yo verdadero» seguiría viajando. Sin embargo —y esta es la clave—, tú no eres el coche; el coche es solo el caparazón que te ayuda a llegar adonde estás yendo. Por eso, para los hindúes, la gente son almas atrapadas en sus cuerpos; sus cuerpos no son una parte esencial de quiénes son.

3.2. La visión budista del ser humano

Gautama Buddha fue criado como hindú, y parece que se desilusionó con eso de que haya una clase intocable, lo que le llevó a hacer algo para entender el origen del sufrimiento en el mundo.

Según Gautama Buddha, para eliminar el sufrimiento, hay que descubrir su origen y arrancarlo de raíz. Buda vio que el sufrimiento venía de un deseo no cumplido. Todos sabemos cómo funciona esto: queremos algo, pero no lo podemos tener. Por ejemplo, quiero dormir, pero tengo que estar despierto y estudiar. Quiero comer, pero tengo que esperar hasta la cena. Deseo tener una relación de intimidad con alguien, pero estoy solo. Estas distintas experiencias del sufrimiento humano tienen su origen en un deseo no cumplido.

Además, el mismo deseo tiene una fuente. Buda preguntó: «¿Quién realiza la acción de desear?». La respuesta es uno mismo, la persona, el yo. Si el individuo es la fuente del deseo, y el deseo, la fuente del sufrimiento, entonces el individuo es la fuente del sufrimiento. Para eliminar el sufrimiento, tendríamos que eliminar el deseo no cumplido, pero, tal y como piensan, para eliminar el deseo no cumplido, tenemos que eliminar la fuente del deseo: el propio yo.

Esta corriente de pensamiento dio lugar al concepto budista de que el yo es una ilusión, no algo real. Luego se extendió esta idea a la creencia de que el mundo material en su totalidad es solo una ilusión. Aunque esta perspectiva radical de que «lo material es irreal» no la enseñen todas las tradiciones budistas, es la que enseñó Gautama en sus orígenes.

De modo que, si un hindú dice que Lázaro es un alma atrapada en un cuerpo, un budista diría más bien que Lázaro no es ni un alma ni un cuerpo. Su individualidad es, en último término, una ilusión. Si alguna vez has visto la película *Matrix*, te sonará la idea de que es una ilusión aquello que concebimos como el mundo real e incluso lo que nos constituye a nosotros mismos. En esa película, la conciencia de los humanos está vinculada a un programa de ordenador creado por una especie de inteligencia artificial. Estas personas se perciben a sí mismas como cuerpos, que caminan por un mundo real, pero en realidad viven en cápsulas. Prácticamente, todo lo que perciben como realidad es tan solo una mentira. Pero si están dispuestos a tomarse la «píldora azul», pueden ganar la libertad, dejar el mundo de las ilusiones y alcanzar la «iluminación».

En ese tipo de mundo, «despertar» a los no iluminados sería un gesto de compasión; de hecho, sería el mayor acto de compasión que se podría tener con otra persona. La mejor ayuda que el hombre rico, si fuera un iluminado, podría darle a Lázaro sería ayudarlo a darse cuenta de que no existe tal y como él piensa, y que el mundo es solo una ilusión.

Hemos visto cómo, para un hindú, Lázaro es un alma sin cuerpo, mientras que, para un budista, Lázaro no es ni alma ni cuerpo.

3.3. La visión atea de la persona humana

Por último, ¿cómo vería un ateo a Lázaro?

Como ya sabes, un ateo es alguien que cree que Dios no existe. Los ateos normalmente sostienen que todo lo que existe es alguna modalidad de la materia. En otras palabras, la mayoría de los ateos coherentes son estrictamente materialistas. Según esta perspectiva, no hay alma o espíritu; solo existe el mundo material. Por lo tanto, un ateo diría que Lázaro es un cuerpo sin alma. Lázaro es solo un conjunto de protones, neutrones y electrones, y nada más.

El ateísmo es la visión del mundo más problemática y simple que hay. Es la más problemática por al menos dos razones: en primer lugar, si Dios no existe, es difícil comprender cómo pueden existir los «debería».

Míralo de esta forma: si no hubiera un Dios que creara todo esto, y aun así el universo existe, entonces no hay ninguna razón o finalidad de su existencia, ya que la razón y la finalidad son cualidades que se atribuyen solo a una mente consciente. El universo es, por lo tanto, un accidente al fin y al cabo. Toda existencia es aleatoria. Un universo sin Creador es necesariamente un universo sin sentido. En un universo sin sentido, no puede haber nada correcto o incorrecto, solo preferencias y utilidad. Eso significa que no hay ni bien ni mal, solo lo que me gusta y quiero, y lo que funciona.

Si un ateo se acercara a Lázaro para ayudarlo, solo sería o bien porque le apetecía en ese momento o porque le parecía útil según un plan de acción u otro. Puede haber acciones que sean más o menos útiles que otras desde una perspectiva atea, pero no habría una obligación para ayudar o no ayudar a alguien. Si un ateo prefiriera la idea del bien común por encima de la autoconservación, puede que eligiera ayudar a Lázaro porque le sería útil para seguir adelante con esa preferencia particular.

En segundo lugar, si no hay en Lázaro nada que no haya en cualquier otra forma de vida basada en el carbono, el trato que le demos puede variar mucho. Si Lázaro no es más que su cuerpo, podemos tratarlo con la misma compasión con la que tratamos a otras especies animales. Si tu perro estuviera sufriendo al mismo nivel que Lázaro, ¿cómo lo cuidarías? Por amor a tu perro, puede que lo sedaras, le aplicarías la eutanasia por compasión y con cuidado, como un acto de amabilidad. Si Lázaro no es sustancialmente diferente a tu perro, esta opción sería razonable para tratar a un ser humano, una opción que muchos en nuestra sociedad están empezando a elegir.

No estoy sugiriendo que todos los ateos sean personas sin moral a los que no les importa nada excepto su propia preferencia y conveniencia. Obviamente hay ateos muy amables y generosos. Hay ocasiones en las que incluso los ateos parecen mostrar más amabilidad y amor que los cristianos. Lo que sí quiero sugerir es que la amabilidad o generosidad por parte de un ateo no proviene de su visión del mundo atea. Los ateos que viven según los criterios morales lo hacen a pesar de la filosofía atea, no en razón de ella.

Así, tenemos tres cosmovisiones distintas: el hinduista ve a la persona humana como un alma atrapada en un cuerpo; el budista no ve a la persona humana ni como un cuerpo ni como un alma; y el ateo ve a la persona como un cuerpo sin un alma. Dependiendo de la visión que cada uno tenga, habrá consecuencias diferentes e importantes sobre el trato que damos a las personas en el mundo real.

Entonces, ¿qué es el ser humano? ¿Somos solo cuerpo? ¿Somos solo almas? ¿O simplemente no somos nada?

4. La visión cristiana de la persona humana

Hay aún otra visión, la cristiana. La visión cristiana del ser humano sostiene que tú y cualquiera que te hayas encontrado en tu vida habéis sido creados a imagen y semejanza de Dios. Cada ser humano tiene un alma única y racional que anima su cuerpo. Desde la visión cristiana, el ser humano es cuerpo *y* alma.

Algunos cristianos se equivocan al creer que su destino es ser ángeles. Esta es la idea presente en la clásica película de Navidad *Qué bello es vivir*. Si bien es un pensamiento bonito, las personas no se convierten en ángeles al morir, y eso lo sabemos por varias razones.

Los ángeles son seres espirituales; no tienen cuerpo. Los seres humanos, por su parte, se diferencian de ellos en algo muy importante: sí tienen cuerpo. Los cristianos creen que cada uno de nosotros es una unión de cuerpo y alma. Como he señalado anteriormente, un cuerpo humano sin alma es un cadáver, y un alma humana sin cuerpo es un espíritu. Cuando muramos, seguiremos siendo humanos. Esto significa que, en última instancia, tendremos un cuerpo y un alma en la resurrección de los muertos.

¿Qué significa eso? En primer lugar, significa que los cristianos creen que ¡el cuerpo es bueno! De hecho, el cuerpo está en el centro de la fe cristiana. Dios decidió salvar al mundo por medio de una naturaleza humana, lo que incluye al cuerpo humano. «La Iglesia llama "Encarnación" al hecho de que el Hijo de Dios haya asumido una naturaleza humana para llevar a cabo por ella nuestra salvación» (*Catecismo de la Iglesia católica*, n.º 461). La raíz de la palabra *encarnación* viene del latín *caro*, que significa «carne». Por tanto, con la «en-carne-ción» el Hijo de Dios asumió una naturaleza humana, con un cuerpo humano, y mediante su vida, su sufrimiento, su muerte y su Resurrección en ese cuerpo, salvó al mundo.

Por esto mismo, los cristianos creen que ¡el cuerpo es bueno! Uno de los primeros autores cristianos, llamado

Tertuliano, llegó a decir que «la carne es el quicio de la salvación»[5]. ¡Qué grande es eso!

Ha habido épocas en las que se acusó a los cristianos de creer que el cuerpo era un «mal necesario», pero esa nunca ha sido la enseñanza de la Iglesia católica. La verdad es que el cuerpo está en el corazón de la vida y el culto. Los católicos creen que la Eucaristía es verdaderamente el Cuerpo, la Sangre, el alma y la divinidad de Jesús; y que la Eucaristía es uno de los mayores regalos que hemos recibido de Dios. Es más, los católicos no estamos llamados a pensar en la Eucaristía sin más, o a recibir espiritualmente el Cuerpo de Cristo sin una acción corporal, ya que Jesús nos llama a «comer» y «beber» (Jn 6,53).

¡Hay más! El cristianismo afirma que tu cuerpo es una parte esencial de lo que eres. Como el ser humano es una unión de cuerpo y alma, y como el cuerpo es bueno, al final de los tiempos, cuando la historia haya llegado a su fin, aquellos que alcancen la plenitud de la vida en el Cielo obtendrán sus cuerpos en una forma perfecta. Si eres hombre, serás un hombre para siempre, como Jesús. Si eres mujer, serás una mujer para siempre, como María. Entonces, ¿qué cambia el que seamos alma y cuerpo? ¡Mucho! Si eres tu cuerpo y tu alma, entonces lo que hagas con tu cuerpo sí importa. Esto es de sentido común. Si te regocijas con tu cuerpo, eres *tú* el que se está regocijando; si sufres con tu cuerpo, eres *tú* el que está sufriendo; y si cometes un pecado con tu cuerpo, eres *tú* el que está pecando. A esto se refería el papa san Juan Pablo II cuando dijo: «El cuerpo, y solo él, es capaz de hacer visible lo que es invisible... lo

---

5 Tertuliano, *De resurrectione carnis (Sobre la resurrección de la carne)*, 8, 2: PL 2, 852.

espiritual y lo divino»[6]. ¡La única manera de que hayamos conocido cualquier cosa o a cualquier persona es mediante nuestros cuerpos! Entender la importancia de nuestro cuerpo para lo que somos marca la diferencia en cuanto a cómo debemos proceder a partir de ahora.

Si tu cuerpo no es una parte esencial de lo que eres, entonces puedes usarlo como quieras, como un instrumento, pero si tu cuerpo es un aspecto vital de quién eres, entonces lo que hagas con tu cuerpo importa.

---

6 Juan Pablo II, *Man and woman he created them: a theology of the body* [ed. esp. *Hombre y mujer los creó: catequesis sobre el amor humano* (Cristiandad, Madrid 2010)].

LO-QUE-ES

¿Cómo entendemos el mundo que nos rodea?

Esta pregunta está vinculada con el concepto de *naturaleza*. Desde un punto de vista filosófico, la naturaleza de algo es lo que podríamos llamar su *lo-que-es* (algunos filósofos emplean a veces una palabra sofisticada llamada *quiddidad*). Saber el lo-que-es de algo no es solo para filósofos, sino para todo el mundo. Si queremos emplear o usar algo en su debida forma, necesitamos saber lo que es, necesitamos saber su naturaleza.

Recuerda la última vez que alguien te pidió que definieras algo, algo que te hizo quedarte sin palabras. Puede ser que utilizaras un término o que te refirieras a algo, y alguien te preguntó: «¿Qué es eso?». Sabías lo que era, pero no se te venía a la cabeza una definición que pudiera describir ese algo de forma adecuada. Por ejemplo, si alguien te preguntara qué es el tiempo, podrías decir algo sobre el tiempo, pero quizás te sería difícil ofrecer una verdadera definición del término *tiempo*. Es como lo que dijo el magistrado del Tribunal Supremo de los Estados Unidos Stewart sobre la obscenidad: «No voy a intentar definirla hoy... y quizás nunca pueda hacerlo de forma inteligible, pero la reconozco cuando la veo»[7].

Aunque puede ser una respuesta inteligente, e incluso honesta, no es una respuesta que ayude. Lo que ayuda es saber qué es una cosa, y eso no es algo que esté siempre claro o que sea evidente, pero es muy importante porque,

---

7 Jacobellis v. Ohio, 378 U.S. at 197 (Stewart, J.): https://supreme.justia.com/cases/federal/us/378/184/

si no podemos definir qué es una cosa, no hay forma de saber cómo tratarla.

Podemos empezar viendo la naturaleza de una cosa discerniendo su objetivo o finalidad, es decir, podemos comprender el lo-que-es de una cosa si descubrimos su para-lo-que-es.

1. Para-lo-que-es

Piensa en este sencillo ejemplo: una silla. ¿Cuál es el fin de una silla? Su finalidad es que alguien se siente en ella. Una silla es esa cosa específica que se ha creado para sentarse, y esto es común para todos los tipos de silla. Hay muchos tipos distintos, hechos de innumerables materiales, con miles de estilos, formas y colores diferentes. Hay sillas plegables, para reclinarse, para un *pub*, para el escritorio, para la peluquería... y así sucesivamente. Sin embargo, aunque haya muchos tipos de sillas, todas comparten la misma naturaleza de la *silleidad*, porque comparten el mismo fin: son para sentarse.

Podríamos decir lo mismo con tantas otras cosas, como una mesa. ¿Cuál es la naturaleza de una mesa? ¿Cuál es su finalidad? El objetivo o la finalidad de una mesa es poner cosas encima. A pesar de la gran variedad de materiales, estilos, tamaños y formas, todas las mesas comparten la misma naturaleza: *mesaidad*.

Ahora bien, al saber el fin intrínseco de una silla o de una mesa, puedo usarlas según su finalidad: me siento en una silla y pongo cosas en la mesa, pero ¿alguna vez te has sentado en una mesa? Seguro que sí. ¿Y alguna vez has puesto algo en una silla? Por supuesto, hacemos ese tipo de cosas todo el tiempo. Entonces, lo que tenemos es un posible miniconflicto. Podemos saber la finalidad o el objetivo de algo, pero, aun así, podemos usarlo para nuestra propia finalidad. ¿Causa esto algún conflicto real? A veces no, o no mucho. Por ejemplo, si te sientas en una mesa, tu forma de actuar no se corresponde con la finalidad de la mesa, que no es para sentarse, sino para poner cosas encima. A veces, un uso un poco diferente de algo no es del todo contrario a su finalidad.

2. ¿Es todo bueno?

Sigamos adelante. ¿Cuál es la naturaleza de un hacha? La finalidad de un hacha es cortar. A veces se usa para cortar madera, pero también se puede utilizar para matar a un inocente. ¿Se quebrantaría la naturaleza de un hacha si se usara para matar a alguien inocente? No, no se estaría quebrantando su naturaleza, que es cortar, pero aun así se estaría haciendo algo malo.

Por una parte, podemos usar algo para su propia finalidad (como poner vasos, platos y cubiertos en una mesa) y podemos utilizarlo para un fin distinto (sentarse en una mesa). En ambos casos, se preserva la naturaleza de ese algo, aunque en el primer caso se ajusta más a la finalidad que tiene. Por otra parte, podemos usar algo acorde a su naturaleza pero con una mala finalidad, como matar a alguien con un hacha.

Pero ¿hay ocasiones en las que podemos usar cosas para nuestras propias finalidades de tal forma que se quebranta su naturaleza? Evidentemente, sí.

Si usáramos una mesa como un carrito para mirar debajo del coche y cambiar el aceite, ¿se quebrantaría la naturaleza de la mesa? Creo que sí, y con relativa rapidez. Si usamos una silla como un soporte para cortar madera, ¿quebrantaríamos su naturaleza? Por supuesto que sí. Si usamos un hacha para poner clavos, ¿quebrantaríamos su naturaleza? Sí, y, por consiguiente, la integridad del hacha se vería dañada.

Es posible usar algo de tal forma que quebrante su propia naturaleza. Cuando hacemos eso, siempre hay consecuencias negativas. No podemos estar evitando esas consecuencias para siempre: podríamos ignorarlas durante un tiempo o intentar disminuir sus efectos, pero solo de forma temporal.

Estos ejemplos nos sirven para ver que todo tiene una finalidad. Hay finalidad para lo creado.

3. Solo es naturaleza humana

Respecto al ser humano, hay algo que es la naturaleza humana. Aunque nos distingamos en varias cosas entre nosotros, compartimos la misma naturaleza: la naturaleza humana. Podemos usar este término para referirnos a cómo experimentan las personas la vida, pero en un sentido más profundo significa que hay una finalidad para cada ser humano. Hay una finalidad para cada vida humana. Hay un *para-lo-que-es*.

Cristo enseña que hay una meta para la que has sido creado. Hay una finalidad y una razón por la que estás vivo. Los cristianos creemos que nuestra finalidad, nuestro objetivo y nuestra meta es ser imagen de Dios en este mundo y vivir para siempre con Dios en el Cielo. Estamos hechos para conocer, amar y servir a Dios en este mundo de tal forma que vivamos con Él por siempre en el mundo venidero[8]. La unión de alma y cuerpo que discutíamos

---

8 *Catecismo de Baltimore* vol. 1, respondiendo a la pregunta n.º 6: «¿Por qué te hizo Dios?».

anteriormente es también parte de nuestra naturaleza humana. Por lo tanto, lo que hagamos con nuestro cuerpo sí importa. Nuestras acciones tienen consecuencias. Algunas son obvias, mientras que otras son sutiles. He aquí un pequeño ejemplo muy rápido. Digamos que en tu trabajo vas todos los días sobre las 10:15 a la sala del café, que es fantástica, porque siempre está hasta arriba de dónuts. Empiezas a comer un dónut cada día. Pronto, esta acción física se manifestará de una forma también física. Y no solo tendrá consecuencias en tu cuerpo, sino que también habrá otras consecuencias que no se ven: algo le pasa también a tu mente, porque pasarás a «necesitar» el dónut. No es que tu cuerpo necesite en realidad el sustento que le proporciona el dónut (¡puedes intentar convencerte de eso!), pero tu mente pensará que sí lo necesitas. Algo dentro de ti ha cambiado, tu mente ha cambiado, y tus hábitos han cambiado. Nuestros actos físicos pueden tener consecuencias no físicas. Si nuestro cuerpo es una parte esencial de lo que somos, entonces lo que hagamos con él importa.

Es verdad que estamos hechos para una finalidad, pero podemos decidir si vivimos con finalidad o sin finalidad. Si vivimos acordes a nuestra naturaleza humana, nuestras vidas tendrán integridad y las cosas tenderán a ir bien. Si vivimos violentando nuestra naturaleza, tenderemos a desintegrarnos y a no vivir plenamente.

Y ahora, vayamos al grano: el sexo. Es una acción muy importante y, en última instancia, un acto humano.

4. Los animales lo hacen...

Algunas personas pueden decir que, como todos los animales se reproducen sexualmente, no hay nada específicamente humano en el sexo. Sin embargo, el ser humano no es un simple animal, es una persona. Se nos ha dado una mente racional que busca la verdad, y tenemos una voluntad racional que busca lo que es bueno. Esto significa que los actos humanos difieren de otros actos animales. Somos lo que llamamos «agentes morales», es decir, podemos elegir hacer lo correcto o, por el contrario, lo incorrecto. Los animales no pueden hacer esta elección, al menos no en el sentido pleno de elegir lo correcto o lo incorrecto. Aceptamos esto por sentido común; nunca ha habido un juicio contra un mono.

Hace poco, un artículo de la revista *Time* señalaba que el infanticidio es algo inquietantemente común en la naturaleza[9]. Encuentro esta afirmación inquietante. ¿Cómo se podría describir un acto animal como «inquietante»? Los animales no son agentes morales, no pueden discernir lo correcto de lo incorrecto de la misma forma que nosotros. Los animales pueden hacer cosas que nosotros antropomorfizamos, de las que hablamos como si fueran hechas por un ser humano. Podemos decir que un acto es desagradable o heroico, pero reconociendo la diferencia que hay entre cómo hablamos de los actos animales y cómo actúan las personas. Por ejemplo, un perro puede rescatar a su dueño, pero este acto no es heroico, es solo instintivo. Claro que me alegro de que los perros puedan rescatar a personas, pero no espero que un animal actúe moralmente de la misma forma que un ser humano. De la misma forma, si un animal hace algo que daña a la gente, no culpamos moralmente al animal como sí solemos hacer con las personas.

9 JEFFREY KLUGER, «scientists rush to understand the murderous mamas of the monkey world»: *Time* (15 de junio 2011).

En lo que se refiere al sexo, mucha gente sostiene que, si hay un tipo de comportamiento sexual entre los animales, eso también debe ser «natural» para las personas. Esta postura falla por la misma razón. Los animales y las personas comparten características parecidas, pero nos diferenciamos en algo esencial: nosotros somos agentes morales y ellos no. Los animales no viven en el mundo de lo correcto o lo incorrecto, pero nosotros sí. El hecho de que algunos patrones sexuales se den en los animales —ya nos parezcan atractivos, como tener varias parejas, o repulsivos, como el sexo forzado— no es una justificación para el comportamiento sexual humano más de lo que el infanticidio animal sería un indicador de cómo deberíamos tratar a nuestros pequeños.

5. La naturaleza del acto sexual

Entonces, ¿cómo deberíamos entender el acto sexual humano? ¿Qué tiene que decir la naturaleza humana al respecto?

Si vinieran extraterrestres a la Tierra para estudiar el comportamiento sexual humano, reconocerían con rapidez que el acto humano de la unión sexual es una expresión de algo importante acerca de la naturaleza humana. Pese a las distintas formas en las que la gente pueda usarlo para sus propios fines, el sexo tiene un significado intrínseco y un claro *para-lo-que-es* unido a la finalidad humana.

Objetivamente hablando, el acto sexual está orientado a dos fines: la unión complementaria de la pareja (también llamado el «fin unitivo») y la procreación.

Los estudios demuestran que se forma un vínculo afectivo y químico durante la unión sexual. Aunque haya abundancia de evidencias anecdóticas que apoyan esto, también hay pruebas médicas. Por ejemplo, cuando una pareja realiza el acto sexual, se libera al torrente sanguíneo un compuesto químico llamado oxitocina. La emisión de esta sustancia química en este momento no es accidental, sino que es algo orientado a crear un vínculo en la pareja. Para los hombres, la oxitocina se libera en el clímax, lo cual conecta, incluso de forma fisiológica, los fines procreativos y unitivos del acto sexual. La oxitocina es la misma sustancia química que se libera cuando una mujer da el pecho a su hijo; está orientada a crear un vínculo entre la madre y el niño.

Además de los vínculos afectivos y químicos que suele establecer el acto sexual, hay un vínculo moral que deberíamos tener en cuenta. En las relaciones sexuales, como hemos dicho antes, el hombre se da a la mujer, que a su vez lo recibe, y la mujer se da al hombre, que a su vez la recibe. Se «regalan» el uno al otro, dándose y recibiéndose mutuamente mediante esta acción profundamente personal de unir sus cuerpos con sus órganos sexuales. Los dos «se hacen una sola carne», como dice la Biblia, formando una unión complementaria, que se orienta por su naturaleza a engendrar a nuevas personas. Así, en este sentido, es una unión mutua en la que la pareja no le reserva nada al otro en el acto sexual.

Esto nos lleva a la otra finalidad del sexo, que quizás es incluso más obvia. El acto sexual es el acto humano particular orientado a la procreación de los hijos. Es cierto que en nuestra era moderna hemos tenido un gran éxito en separar el acto sexual de la concepción de los hijos, pero se mantiene el hecho biológico de que las relaciones sexuales entre un hombre y una mujer son el único acto que tiene como resultado, de forma natural, la creación de una nueva vida humana.

6. La intención de un acto

Cuando hablamos sobre el *para-lo-que-es* de una capacidad que tenemos como seres humanos —como nuestros órganos sexuales para formar una unión complementaria abierta a nueva vida y a procrear, o el poder que tienen nuestros ojos de ver o las orejas de oír—, distinguimos dos tipos de finalidades. El primero es la finalidad inherente, intrínseca o el bien que se puede obtener mediante el uso de nuestros órganos corporales y su capacidad o potencialidad. El segundo elemento sería cualquier finalidad particular que tengamos en mente. Como nuestras capacidades naturales son cosas que Dios nos ha dado para poder realizarnos como personas, deberíamos respetarlas y no usarlas de una forma dañina. Aquí aparece la relación entre nuestro *para-lo-que-es* y lo que nosotros queremos o buscamos hacer. Si tratamos de usar nuestra capacidad de una forma que nos hace daño (incluso si pensamos que no será así), hay una desconexión entre el *para-lo-que-es* de esa capacidad y nuestra intención o propósito. Esto hace que nuestra finalidad esté en contra del propósito de Dios al darnos esa capacidad en primer lugar.

¿Qué pasaría si alguien comiera intencionadamente por puro placer, pero luego vomitara para que no le alimente lo que ha comido? El placer, que suele acompañar al uso correcto de nuestras capacidades, incluida la de comer, no debería ser algo que, buscándolo, ofenda o se oponga a la razón por la que tenemos nuestras capacidades naturales. Muchos de nosotros conocemos a alguien que tiene un grave problema con la comida. Por razones muy diversas, muchas personas luchan con este problema hasta el punto de que, después de comer, sienten la obligación de castigarse, y lo hacen porque piensan que serán más felices así.

Si conoces y quieres a alguien que experimente esto, no le dirías: «Comprendo que esta es tu lucha, así que no voy a intentar ayudarte a sanar». ¿Estarías conforme si solo quebrantara la naturaleza de comer en alguna ocasión? En absoluto, y no porque haya una norma que diga que no debemos quebrantar la naturaleza de comer, sino porque hay una razón mucho más profunda.

Percibimos que actuar contra la finalidad natural de comer afecta negativamente a la persona. Como el cuerpo es una parte esencial de la persona, lo que hagamos con él importa, e ir en contra de algo tan sencillo y fundamental como comer puede tener consecuencias reales en la persona: si quebrantamos la integridad del comer, podemos dañar a la persona.

7. Hablemos de sexo (otra vez)

El sexo también es un acto humano con una finalidad natural objetiva. Ahora bien, sabiendo que hay dos fines de la unión sexual, la unidad y la procreación, ¿podría unirse una pareja con uno solo de estos fines en mente? Claro que sí. Podemos pensar en unos esposos que tienen relaciones sexuales con la finalidad de intimar, de unirse. No tienen que tener también la intención o finalidad de concebir un hijo. De la misma forma, conozco a muchas parejas que han tenido problemas de infertilidad. Después de ir al médico y a otros profesionales sanitarios, puede que tengan una conciencia mayor de cuándo es más probable que la mujer se quede embarazada. En esos casos, nos podemos imaginar que la pareja podría tener relaciones sexuales con la finalidad de la procreación. Puede que no busquen intimidad en ese momento en concreto, y lo podrían hacer sin quebrantar la integridad del acto sexual.

Pero ¿y si fueran intencionadamente en contra de uno de los fines del acto sexual? ¿Es posible que la pareja quebrante la integridad del acto sexual al impedir uno de los fines?

Por supuesto que sí.

¿Cómo llamamos al hecho de que alguien quiera ir en contra del fin unitivo de la unión sexual? A veces, en los casos extremos, lo llamamos agresión sexual o violación, aunque en la mayoría de los casos es el uso egoísta de la otra persona.

Y ¿cómo llamamos al hecho de que alguien quiera ir en contra del fin procreativo? Se llama anticoncepción: tener relaciones sexuales con la intención de impedir la procreación. En otras palabras, la anticoncepción quebranta la naturaleza inherente del acto sexual.

Y esto tiene consecuencias para la persona.

8. ¿Hablas en serio?

Si hablas de esto con estudiantes de universidad, llegará al final el momento en el que suelten: «No entiendo por qué estás haciendo un problema tan grande del sexo. No es nada especial, es tan solo algo agradable de hacer».

Si eso fuera así, el productor ejecutivo Dick Wolf estaría tremendamente equivocado, al igual que los millones de telespectadores que ven *Ley y orden*, una de las series policiacas más vistas de la televisión. Aunque hay muchas variantes de este programa, una de las más exitosas ha sido *Ley y orden: Unidad de Víctimas Especiales*. Como narra la voz en off al comienzo de cada episodio:

> En el sistema judicial criminal, los crímenes sexuales se consideran especialmente odiosos. En Nueva York, los

detectives dedicados a investigar estos atroces delitos pertenecen a un equipo de élite conocido como la Unidad de Víctimas Especiales. Estas son sus historias.

En esta introducción, parece que el sexo es un asunto importante y algo especial. ¿Por qué otro motivo los crímenes sexuales se consideran «especialmente odiosos»? Porque el acto sexual es algo que concierne íntimamente a la persona. Por eso, una violación es un crimen más grave que un atraco. Sabemos que los crímenes sexuales son inherentemente más dañinos que otros crímenes como el robo; es algo tan evidente que negar la drástica diferencia que hay entre los dos sería un desconocimiento deliberado. Entonces, ¿por qué hacer como si el sexo no afectara profundamente a la persona? Una posible respuesta es que algunas personas pueden intentar restarle importancia al sexo para poder hacer lo que quieran.

Si nos decimos a nosotros mismos que el sexo no es algo tan importante o que no significa nada, entonces nos estamos dando permiso para hacer lo que queramos con respecto al sexo. No obstante y a fin de cuentas, si se quebranta la naturaleza del acto sexual, terminamos haciéndonos daño a nosotros mismos y a los demás. Las consecuencias de subestimar la finalidad natural del sexo son inevitables, aunque pensemos que no tiene nada de especial; el sexo tiene una naturaleza objetiva que no se puede acomodar a nuestros propios puntos de vista subjetivos.

9. Sexo roto, gente rota, relaciones rotas

Este es el fundamento: dado que el acto sexual está enraizado en nuestra naturaleza humana y esta naturaleza tiene una finalidad, si actuamos de tal forma que quebrantamos esa naturaleza, estamos haciéndonos daño a nosotros y a los demás. Tendemos a desintegrarnos.

Y nuestra cultura ha sido testigo de esta desintegración. Desde que los anticonceptivos artificiales se volvieron accesibles a todos sin problemas, muchas parejas han eliminado intencionadamente el aspecto procreativo de la unión sexual. Al mismo tiempo, ha habido un incremento en la tasa de divorcios, de abusos sexuales, de pornografía, de abortos y de comportamientos homosexuales, al igual que un aumento en el abandono de los hijos.

En su libro *Adán y Eva después de la píldora: paradojas de la revolución sexual*, la notable escritora e investigadora Mary Eberstadt señala la sobrecogedora cantidad de pruebas estadísticas que demuestran la correlación entre la anticoncepción artificial y estos problemas sociales. Por ejemplo, señala cómo George Akerlof, ganador del premio Nobel, demostró que «en términos económicos modernos, la revolución sexual [...] ha llevado a un aumento en la ilegitimidad y en el aborto»[10]. En un artículo de la revista *First Things*, Eberstadt describe más a fondo cómo Akerlof relaciona estos cambios con el «incremento en la pobreza y la patología social»[11].

---

10 Mary Eberstadt, *Adam and Eve after the pill: paradoxes of the sexual revolution* (Ignatius Press, San Francisco 2012) 137-138 [ed. esp. *Adán y Eva después de la píldora: paradojas de la revolución sexual* (Ediciones Cristiandad, Madrid 2014)], refiriéndose a George A. Akerlof - Janet L. Yellen - Michael L. Katz, «An analysis of out-of-wedlock childbearing in the United States»: *Quarterly Journal of Economics* 111, n. 2 (1996) 277-317.

11 Mary Eberstadt, «The vindication of Humanae Vitae»: *First Things* (agosto 2008): https://www.firstthings.com/article/2008/08/002-the-vindication-of-ihumanae-vitaei.

10. Todos nosotros

Estos problemas nos afectan a todos nosotros, no solo a la gente que se ha casado, a los divorciados, a los solteros o a las personas que experimentan atracción por el mismo sexo.

Aunque todos tengamos tentaciones en varias ocasiones, estamos hechos para la verdad y el amor, y una de las razones por las que no amamos bien es que no tenemos una idea correcta de lo que es el amor en realidad.

EXAMINA TUS SENTIMIENTOS... ¡SABES QUE ES VERDAD!

En 2005, el sociólogo Christian Smith realizó una encuesta nacional sobre la vida espiritual de los adolescentes americanos. Los resultados de dicha encuesta revelaron mucho de lo que los adolescentes americanos creen realmente respecto de su fe. En la encuesta de Smith participaron jóvenes de varios contextos religiosos, incluidos aquellos que se autoproclamaban ateos. Cuando preguntaba sobre el tipo de dios en el que creían, se sorprendía por las respuestas que recibía.

En primer lugar, independientemente de la confesión a la que pertenecieran, la mayoría de los adolescentes profesaban una cierta forma de fe en el mismo tipo de «dios». En segundo lugar, este es un dios cuya existencia no profesaba ninguno de los credos religiosos consolidados[12].

En 2011, Smith publicó sus conclusiones sobre la vida moral de los jóvenes adultos americanos. Estaba interesado en descubrir cómo estos jóvenes adultos tomaban de-

---

12 Christian Smith, *Soul searching: the religious and spiritual lives of American teenagers* (Oxford University Press, Oxford 2005). Smith llama al naciente sistema de creencias que mantienen los adolescentes americanos DTM: Deísmo Terapéutico Moralista. En resumen, Smith describe el DTM como un sistema que sostiene estas cinco creencias: «1. Existe un dios que ha creado y ordenado el mundo y que cuida de la vida humana en la tierra. 2. Dios quiere que la gente sea buena, simpática y equitativa con los demás, como enseñan la Biblia y la mayoría de las religiones del mundo. 3. El objetivo central de la vida es ser feliz y sentirse bien con uno mismo. 4. Dios no tiene por qué involucrarse especialmente en la vida de nadie excepto cuando se le necesita para solucionar un problema. 5. Las buenas personas van al Cielo cuando mueren».

cisiones morales. ¿Cómo resolvían los conflictos? ¿Hasta qué punto sus creencias guiaban sus acciones y elecciones?

Lo que encontró fue sorprendente. Casi ninguno de estos jóvenes adultos sabía en la práctica cómo tomar una decisión moral. De hecho, Smith concluyó que la mayoría de los jóvenes adultos americanos no tienen ni la capacidad ni las categorías para tomar decisiones morales.

Sé que puede resultar impactante (¡porque lo es!): en su investigación, la mayoría de los jóvenes adultos ni siquiera se consideraban «agentes morales». Como señala Smith: «Dos tercios de los nuevos adultos que entrevistamos (en torno a un 66 %) resultaron incapaces de enfrentarse a nuestras preguntas sobre los dilemas morales en sus vidas»[13].

Al no tener un «sentido moral» claro, no pensaban que hubieran tomado alguna vez una decisión moral. Entre sus respuestas encontramos: «En realidad no lo sé, porque nunca he tenido que tomar una decisión entre lo que está bien y lo que está mal», y: «No se me viene nada a la cabeza. No he tenido muchos dilemas morales que fueran muy grandes y que haya tenido que afrontar en mi vida, creo que no. No se me viene nada ahora mismo»[14].

Además, cuando les preguntaron cómo podrían resolver un conflicto moral, muy pocos tenían unos criterios para poder tomar decisiones consistentes y sensatas. «No sé... supongo que es algo que simplemente sientes». Los sentimientos solían ser uno de los criterios consistentes para tomar decisiones. Pero con solo pararnos diez segundos a pensar en esto, podemos ver lo inconsistentes y volu-

---

13 CHRISTIAN SMITH, *Lost in transition: the dark side of emerging adulthood* (Oxford University Press, Oxford 2011) 59.

14 *Ibid.*, 55.

bles que son los sentimientos. Necesitamos algo más que un simple «¿cómo me hace sentir esto?». Sin unos criterios objetivos, no solo no hay una manera de determinar si una decisión está bien o mal, sino que tampoco se puede crecer en sabiduría. Alguien que utilice los sentimientos como único fundamento para tomar decisiones es un esclavo de su estado de ánimo o de sus preferencias.

Debería resultarnos sencillo ver por qué Smith concluyó que muchas personas no tienen la capacidad de tomar una decisión moral. La capacidad requiere la conciencia de cuándo nos enfrentamos a una decisión moral. Además, exige un proceso que vaya más allá del sentimiento. Sin ningún tipo de criterio objetivo, solo se puede fundamentar una decisión en deseos subjetivos o en resultados esperados. Sin una clara referencia de lo que está bien o mal, la moralidad se reduce a utilidad o preferencia.

Como decíamos en el capítulo dos, un mundo sin Dios es un mundo sin finalidad. Sin un diseñador, no hay un diseño inherente. Sin un comienzo intencionado, no hay un fin intencionado. Sin Dios, no hay bien o mal, sino que las decisiones se basan en ciertos criterios tales como conseguir nuestros propios objetivos o seguir nuestras preferencias personales. Mucha gente dice que piensa esto, pero pocos están dispuestos a seguir la idea hasta su conclusión lógica. Si así se hiciera, se darían cuenta rápidamente de que lo que creen no se puede reconciliar con su experiencia de la realidad.

Hace unos años, leí algo acerca de un hombre que había llevado a sus hijos adolescentes y a sus amigos a ver la película *La lista de Schindler*. Por si no te suena esta película, es una representación impactante y desgarradora del trato que recibían los judíos y otras personas en los campos de concentración nazis. El protagonista, Oskar Schindler, era un católico no practicante que abastecía a los nazis con munición gracias a sus fábricas, lo que le procuró dinero y éxito. En el curso de la historia, se produce un cambio en su corazón y no puede ignorar por más tiempo la persecución de aquellos que están en los campos de concentración. Este cambio de corazón le lleva a salvar la vida de cientos de judíos.

Después de que el hombre y los jóvenes vieran la película, fueron a comerse una *pizza*. El hombre estaba interesado en saber qué pensaban sobre la película, así que fue indagando con tacto haciéndoles preguntas: «¿Qué pensáis sobre lo que hizo Schindler? ¿Cómo os sentiríais si fueseis uno de esos padres en el campo de concentración? ¿Qué creéis que habríais hecho si estuvierais en el lugar de Schindler? ¿Cuál ha sido la escena más impactante para vosotros?».

Después de que los adolescentes compartieran sus pensamientos y sentimientos respecto a estas preguntas, el hombre les preguntó: «¿Lo que los nazis les hicieron a esas personas en el campo de concentración estaba mal?». Casi de forma inmediata y unánime, todos los adolescentes estuvieron de acuerdo en que estaba mal.

Entonces, el hombre les preguntó: «¿Por qué estaba mal?». Esta pregunta les dejó sin palabras; no sabían cómo responder. Pese a que no sabían contestar de inmediato esta pregunta, el hombre no paró de presionarles para que dieran una respuesta. Finalmente, uno de los adolescentes respondió: «No sé... simplemente me hizo *sentir* mal».

El Barna Group realizó un estudio en 2002 que puso de manifiesto una estadística abrumadora: un 94 % de los jóvenes americanos decían rechazar la idea del bien y el mal absolutos[15]. Esto significa que la gran mayoría de dichos jóvenes son reacios a decir que hay algunas acciones que simplemente están mal siempre y en todo lugar. Es cuestionable si eso es verdad en la práctica, pero sí nos dice algo sobre la atmósfera moral que nos rodea. La aplastante opinión mayoritaria sobre la moralidad parece ser que es relativa.

Las conclusiones de este razonamiento son en cierto modo evidentes: si no hay una verdad absoluta o un bien o mal objetivos, la única razón por la que algo es malo es que nos haga sentir mal. Por otro lado, si algo resulta que me hace sentir bien, entonces debe ser «bueno», ¿verdad?

Ahora bien, reconozco que la gente puede que no piense así en todos los aspectos de su vida. Admiten que en ciertos ámbitos hay cosas que siempre están mal, incluso si tienden a hablar como si todo fuera relativo. La mayoría de la gente reconocería que cosas como el racismo o la violación están siempre mal. Probablemente también reconocerían que deberíamos seguir un cierto juicio de conciencia. Es decir, si alguien piensa de verdad que algo está mal, no lo debería hacer. Aun así, respecto a la sexualidad, mucha gente adopta una postura relativista. Podríamos preguntarnos si esto es así porque admitir que hay cosas malas y buenas de manera definitiva y final respecto al sexo puede interferir con lo que la gente quiere hacer. El sexo es una parte tan íntima para la mayoría de nosotros que muchos se empeñan en hacer lo que quieren en este ámbito, incluso si saben o sospechan, a un cierto nivel, que lo que quieren hacer puede que esté mal. Adoptar la actitud

15 «Americans are most likely to base truth on feelings», Barna Research Group, 12 de febrero de 2002, https://www.barna.com/research/americans-are-most-likely-to-base-truth-on-feelings/

de «todo es relativo» cuando el sexo está de por medio parece hacer las cosas más fáciles, al menos si no pensamos mucho en ello.

1. ¿Nos hemos olvidado de cómo se debate?

Puedes ver lo difícil que es tener una conversación racional sobre moral en este tipo de cultura. Si hay unos criterios objetivos para el bien y el mal, es posible tener un debate real sobre moral: se puede discutir con entusiasmo y de forma racional sobre el bien y el mal, y así progresar. Pero si yo soy la fuente del bien y del mal, los demás no pueden discutir mis ideas sin atacarme a mí personalmente porque yo soy la fuente de mi verdad. Por lo tanto, criticar mi opinión y decir que estoy equivocado es atacarme a mí y decir que hay algo en mí que está mal.

Así ha sucedido cuando he discutido sobre algún tema con estudiantes de instituto y de universidad. A nadie le gusta que lo reten, lo corrijan, o le digan que está equivocado, pero, si pensamos en nosotros mismos como la fuente de la verdad, que nos digan que estamos equivocados no es solo que en nuestro un punto de vista haya un error, sino que nosotros mismos estamos desencaminados, pero en un sentido mucho más profundo.

Cuando se considera la realidad como algo externo o independiente a uno mismo, podemos debatir la naturaleza de la realidad con otra persona. Cuando la verdad se entiende como algo descubierto y no como algo inventado, podemos dialogar sobre ella. Pero en una época en la que se suele reducir la verdad a una verdad subjetiva, solo puedo compartir mi opinión subjetiva y escuchar tu opinión subjetiva. Este es el declive actual del argumento y del razonamiento moral.

2. «No me juzgues»

Oigo esta frase todo el tiempo. La entiendo: a nadie le gusta que lo juzguen. Sin embargo, ¿no es curioso que vivamos en una cultura donde se permiten o excusan muchas cosas, pero a la vez todos sienten pánico de que los juzguen? ¿Por qué pasa eso?

Un día de otoño, hace un par de años, estuve charlando con uno de los compañeros de trabajo de mi hermano, un oficial del ejército inteligente y sensato. Estábamos hablando de cómo nos estábamos haciendo mayores y cómo la cultura de alrededor parecía estar cambiando tan rápidamente. Tanto él como yo somos más o menos de la misma edad, y las diferencias que veíamos entre el mundo en el que nos criamos y el actual eran parecidas. En un momento dado de nuestra conversación, el oficial dijo: «Bueno, mi padre también decía lo mismo de que el mundo estaba cambiando. Puede ser que, como ahora se vive más tiempo, podemos percibir más cambios importantes que las generaciones pasadas».

Me paré en esa idea durante un tiempo: ¿podría ser así? ¿Ha sido siempre la circunstancia de que los mayores siempre miren a las nuevas generaciones y lamenten esos cambios tan grandes? No lo creo.

Aunque dejemos bastante espacio al autoengaño —normalmente se nos da bien «autoeditar» nuestros recuerdos de cómo fue nuestra juventud en realidad—, creo que las últimas generaciones han visto, no solo percibido, más cambios reales que las generaciones pasadas. Algunos historiadores de la cultura sugieren que ha habido tres épocas principales en la historia de la cultura humana: premoderna (desde la prehistoria hasta 1500), moderna (de 1500 a 1960) y posmoderna (de 1960 al presente).

Aunque no sea la única forma posible de dividir la historia, nos servirá para arrojar luz sobre algunas de las grandes transformaciones que se han dado. En particular, estas épocas se distinguen por cómo la gente percibe la fuente de la verdad.

Vivir en un mundo premoderno implicaba en gran medida aceptar la realidad como uno se la encontraba. La filosofía y la religión tenían sus raíces en el intento humano de encontrar sentido y entender la naturaleza del universo. La principal tarea era «descubrir» el significado de la existencia. En la época premoderna, se entendía que la verdad era inherente a Dios y a la realidad creada y, por lo tanto, la verdad era algo objetivo.

El mundo moderno se caracteriza por la llegada de un nuevo tipo de ciencia y tecnología. El hombre se empezó a preguntar si ciertos elementos del mundo natural no solo se podían descubrir, sino también controlar. Al haber ganado un mayor control sobre la realidad material, la gente se cuestionaba si todos los aspectos de la realidad eran potencialmente manipulables.

René Descartes, el padre de la filosofía moderna, le dio la vuelta a siglos de razonamiento filosófico cuando empezó a desafiar los presupuestos *a priori* del mundo medieval. Comenzó la obra con la que cambió el paradigma, su *Discurso del método*, con la determinación de dudar de todo lo que se había aceptado en el pasado como algo evidente. Descartes buscaba, de esta forma, llegar a una posición más pura y honesta intelectualmente.

Su obra es bastante profunda y su método fue revolucionario. Aunque el *Discurso del método* tenía la intención de ser una declaración honesta de la verdad, mediante el cuestionamiento de la existencia evidente de las realidades externas a la mente, Descartes hizo nacer, sin saberlo, la idea de que tales realidades no son indicadores fiables de la verdad.

Estas ideas prepararon el camino para el humanismo secular, una filosofía compleja que veía en la racionalidad la forma de alcanzar la verdad, pero que no encontraba la fuente de la verdad en algo externo a la mente y al espíritu humanos. Se caracterizó por un mayor optimismo en la raza humana. La tradición cristiana siempre había considerado la humanidad como buena pero caída y, por tanto, necesitada de redención. En cambio, los humanistas seculares o bien consideraban la humanidad como «no caída» (cf. Juan Jacobo Rousseau) o, si está caída, como salvadora de sí misma. Creían que la utopía se podía conseguir en este mundo mediante sistemas sociales, gobiernos y educación. En contra de estas expectativas, la época moderna estuvo marcada por revoluciones violentas, una mayor desesperación provocada por la industrialización, y algunas de las guerras más sangrientas de la historia de la humanidad.

Como resultado del aparente fracaso del humanismo secular, creció el escepticismo respecto a la capacidad del hombre de resolver sus propios problemas y, por lo tanto, respecto a la autoridad y los constructos sociales. No solo se sospechaba de la autoridad religiosa, sino que el gobierno, los colegios y «cualquier persona con más de treinta años» era parte del problema. La tradición se convirtió en sinónimo de ignorancia. En el arte, en los medios de comunicación, en el colegio y en la cultura en general, la verdad no era algo que se descubriera fuera de uno mismo. No había que mirar a la realidad exterior para encontrar la verdad, como se hizo en la Antigüedad, o al humanismo secular, como se hizo en la modernidad, sino que había que mirar «dentro de sí mismo».

Esta forma de pensar se abrió paso en la era posmoderna. En el mundo posmoderno, la humanidad descubrió que tenía la capacidad de estar tan increíblemente equivocada que podía destruirse a sí misma. Por lo tanto, se empezó a pensar que ni siquiera la humanidad era una fuente fiable de verdad. Si las descripciones de la realidad (ya fueran meramente filosóficas o teológicas) no eran la fuente de la verdad, y se ha demostrado que la humanidad era una fuente limitada de verdad, ¿dónde podríamos buscarla? Parece que la única fuente fiable de verdad estaría en el individuo o en nuestro yo subjetivo. Una consecuencia de esta forma de pensar es que las ideas se volvieron prácticamente inseparables del individuo. Si yo soy la fuente de la verdad, entonces «mi verdad» es tan legítima como «tu verdad». Además, si alguien critica «mi verdad», entonces me critican a mí.

¿Podemos recuperar la verdad objetiva?

LA PALABRA TABÚ

Gracias a internet, vivimos en la era de la información, en la que la información es fácilmente accesible. Con esto vienen cosas buenas y cosas malas. Lo bueno es la accesibilidad de la información; lo malo es la calidad de la información disponible. Por supuesto, hay información disponible muy buena —no lo voy a negar—, pero gran parte de ella consiste en opiniones, y no precisamente instruidas o informadas. Un número aparentemente infinito de blogueros está intentando inculcar sus opiniones a los demás. Esto puede ser molesto a veces, pero no es el problema real. El problema real es que las personas que están expuestas solo a opiniones empiecen a creer que lo único que existe son opiniones. Y de esta manera empiezan a creer que la realidad y la creencia son meras opiniones.

El resultado es que no vivimos tanto en una era de la información cuanto en una era de la opinión.

Pero ¿son todas las creencias meras opiniones? ¿O existe algo llamado verdad? Estas acaban siendo las preguntas que la gente se plantea. Ahora bien, como católico, creo que la verdad existe, pero obviamente eso no significa que los demás crean también que la verdad existe. Quiero que los demás sepan que la verdad existe, pero, antes de demostrarlo, tengo que definirla.

1. ¿Qué es la verdad?

La verdad puede definirse de manera bastante simple: es la expresión de *lo que es*. Por tanto, la validez de una afirmación depende de su conformidad con lo que es. Por ejemplo, si yo dijera: «Hay un ordenador en mi despacho», la afirmación sería verdad porque se ajusta a lo que es: hay un ordenador en mi despacho. Además, si añadiera que hay un ordenador, un escáner y un ventilador en mi despacho (y los hay), la afirmación reflejaría la realidad con aún más detalle.

Demos el siguiente paso. Hay también dos tipos de verdad: la verdad subjetiva y la verdad objetiva. La verdad subjetiva se ve fácilmente en las siguientes frases: «Me gusta el verano»; «me gusta conducir un poco por encima del límite de velocidad»; «me gusta el café Caribou»; «me entra sueño con dos copas de vino».

¿Puedes ver el factor común entre todas las afirmaciones anteriores? Es el sujeto de la afirmación; todas comparten el mismo sujeto: yo. La gente de la era de la opinión cree que solo hay afirmaciones desde el «yo», afirmaciones de opinión. Y, sin embargo, sabemos que hay más. Sabemos que si solo hubiera una verdad subjetiva, solo existirían tres maneras de resolver el desacuerdo.

El poder hace la razón. ¿Estás en desacuerdo conmigo? Te doy un puñetazo en la cara. Si te puedo, gano.

La mentalidad de rebaño. La mayoría decide lo que es correcto. Si estás en desacuerdo, aún podría pegarte un puñetazo en la cara, pero eso no sería tan efectivo como una encuesta. El mejor modo de ver quién tiene la razón es mirar cuánta gente está de acuerdo con mi opinión. Si puedo conseguir más gente que apoye mi opinión que tú, entonces tengo la razón.

Pero deberíamos darnos cuenta de que la verdad no puede determinarla el rebaño o la mayoría, porque la verdad es independiente de estas cosas. Por ejemplo, en la Alemania nazi, la mayoría podía creer que las vidas de judíos no importaban. El consenso o la mayoría no hace que algo sea verdad.

De acuerdo en el desacuerdo. La discusión podría terminar con la más que común respuesta: «Mira. Tú tienes tu verdad y yo tengo la mía. Vive tu vida, que yo viviré la mía». Ahora bien, esto podría evitar el conflicto, pero también contribuye a la creciente incapacidad de la gente para hablar con seriedad unos con otros sobre asuntos importantes en los que están en desacuerdo. A su vez, esa incapacidad contribuye a una mayor fragmentación de nuestra sociedad en grupos pequeños y aislados de personas que se definen por visiones irrefutables, sin manera alguna de resolver sus diferencias. Sin el reconocimiento común de la verdad objetiva y de nuestra capacidad para conocer la verdad de las cosas, la comunidad tiende a disolverse. La verdad objetiva se ve con facilidad en las siguientes frases: «Los veranos en Minnesota tienen una media de temperaturas máximas de 26 °C»; «puedes comprar un café Caribou grande por 2 €»; «el límite de velocidad al salir de mi casa es de 50 km/h».

Esas afirmaciones son todas sobre el objeto; se ajustan a algo que está fuera del sujeto. Por esta razón, la gente puede discutir sobre ellas. Por ejemplo, alguien podría observar que la señal de límite de velocidad fuera de mi casa no es la que yo afirmo, diciendo: «Eh, no, el límite de velocidad fuera de tu casa es, en realidad, de 60 km/h». La persona que hace esa observación puede hacerlo sin atacarme, porque el objeto está fuera de mí. Esta verdad, que se ajusta a la realidad, puede ahora demostrarse, probando así que mi afirmación anterior no era verdad.

Dado que la verdad objetiva existe fuera de mí, una cosa puede ser verdadera o falsa independientemente de que yo lo sepa, de que me guste o de que lo crea. Por ejemplo, en la Universidad de Minnesota Duluth, donde trabajo, prácticamente todo el campus está conectado por un sistema de túneles. Por lo tanto, sería factible que un estudiante pasara todo el curso académico dentro —esto pasa, aunque te parezca increíble—. Fuera podría haber una tormenta o estar soleado, pero estos estudiantes no lo sabrían. ¿Afecta al tiempo de fuera el conocimiento que de él tenga el estudiante? ¿Su deseo de buen tiempo hace que sea así? Si cree que está soleado, ¿pasa de verdad? La respuesta a todas estas preguntas es no. Si hay tormenta fuera, es un hecho objetivo y el conocimiento, deseo o creencia de alguien no puede cambiar eso.

A propósito de las afirmaciones objetivas y subjetivas, un profesor de la Universidad de Minnesota Duluth intentó ayudar a sus estudiantes a entender que unas y otras no son lo mismo. En clase, proyectaba diferentes afirmaciones en la pantalla y esperaba que los estudiantes identificaran si las afirmaciones eran objetivas o subjetivas.

Con cada diapositiva, los estudiantes tenían que vocear «¡eso es objetivo!» o «¡eso es subjetivo!». La cosa siguió durante un tiempo hasta que la clase llegó a la siguiente afirmación: «Dios existe». En ese momento, hubo un colapso casi universal. La clase dejó de dar las mismas respuestas al unísono; en vez de eso, se empezaron a vocear dos respuestas.

Algunos estudiantes reconocieron inmediatamente que la afirmación era objetiva, pero la mayoría de ellos creían que la afirmación era subjetiva —recuerda que el profesor no estaba sosteniendo que la afirmación fuera objetivamente verdad; meramente sostenía que era una afirmación objetiva—. Una razón que muchos estudiantes dieron para decir que la afirmación era subjetiva era que se habían educado en una cultura en la que las afirmaciones como «Dios no existe» y «Dios existe» son vistas como simples asuntos de opinión.

2. El principio de no contradicción

Así que la verdad atañe a lo que es, y la verdad puede ser tanto subjetiva como objetiva. El principio de no contradicción establece que una cosa no puede ser y no ser al mismo tiempo y del mismo modo. Por ejemplo, si hay ocho sillas en una habitación, no puede haber a la vez ninguna silla en la habitación.

He aquí una rápida historia que trata del principio de no contradicción. Tengo la oportunidad de hacer muchos cursos prematrimoniales con parejas en el campus. Hace unos años trabajé con una pareja interesante. La novia era católica practicante, mientras que el novio era ateo. Yo sabía que esta diferencia de creencia podía causarles problemas en el futuro, así que sabía que tenía que sacar el tema. Estuve intentando darles pistas a lo largo del cursillo (después de todo, soy de Minnesota; nos hemos especializado en evitar conflictos), pero con el tiempo me vi forzado a abordarlo a quemarropa.

«Vale. Así que tú crees en Dios y eres católica», le dije a la novia. Después, me dirigí a su novio, diciendo: «Y tú no crees en Dios y has abandonado la Iglesia católica». Volví a la novia y le pregunté: «¿Entiendes que estás a punto de casarte y hacer alianza de vida con alguien que cree que estás cien por cien equivocada en lo que respecta a la cuestión más importante de la vida?» Esto le hizo pensar.

Le dije lo mismo a su novio.

Lo más interesante para mí de nuestra conversación fue la respuesta del hombre. Me miró y con total sinceridad me dijo: «Bueno, yo no creo que esa sea la cuestión más importante de la vida».

Esto me hizo pensar a mí. Si consideramos que la existencia de Dios es simplemente algo de tipo subjetivo —creer que Dios existe está bien si te ayuda a dormir por las noches, está bien si te da algo de comodidad, si te da un cierto sentido o un objetivo—, entonces es que no supone una diferencia, realmente. Pero ¿supone una diferencia? ¿Cuáles son las consecuencias de que Dios no exista? Puedo pensar en tres. Hemos hablado de ellas brevemente en el capítulo uno, cuando tratábamos la visión atea del mundo. Volvamos a echarles un vistazo más profundo.

2.1. Consecuencia 1: si Dios no existe, no hay libre albedrío

Si Dios no existe, entonces todo pensamiento y toda elección humana es completamente material. Los seres humanos son simplemente reacciones químicas y la conciencia no es más que una ilusión; elegir es tan solo un resultado de causa y efecto.

Si los seres humanos no tenemos libre albedrío, entonces solo somos máquinas altamente complejas que responden a estímulos externos e internos. Si pones un dólar en una máquina expendedora y pulsas el botón, pero no sale nada, no te pones ahí a discutir con la máquina diciéndole: «Pero, vamos a ver, máquina expendedora, el acuerdo que teníamos era que yo te doy un dólar, pulso el botón y tú me das un refresco». Sería estúpido. En lugar de eso, ¡le pegas una patada, o la agitas! ¿Por qué? Porque la máquina expendedora no decidi*ó* que no iba a darte el refresco; simplemente no está haciendo lo que tú quieres que haga.

Así que también puedes usar la fuerza para conseguir que haga lo que quieras.

El hombre no puede tener dignidad si no tiene libre albedrío. No habría nada que nos hiciera únicos en esencia a cada uno de nosotros. Simplemente existiríamos. Puede que existiéramos en un plano más complejo que la materia inanimada, pero no existiríamos en un plano de mayor valor.

2.2. Consecuencia 2: si Dios no existe, no hay mal ni bien

«¿Puede ser buena una persona que no crea en Dios?». Como hemos mencionado antes, la respuesta más obvia y sensata para esta pregunta común es: «Por supuesto». Pero la pregunta no es: «¿Puedes ser bueno sin creer en Dios?». La pregunta de verdad es: «¿Puedes ser bueno si Dios no existe?». Y la respuesta es no. Si Dios no existe, entonces el universo es un accidente. Si el universo es un accidente, entonces no hay tal cosa como bien o mal. Si no hay bien ni mal, nada de lo que haces merece alabanza o culpa. Lo único que dirige tus elecciones es la utilidad o la preferencia.

Si no hay Dios, seguirá habiendo cosas que nos gustan o no y cosas que preferimos o no. Habrá también cosas que serán útiles o no para el crecimiento de nuestra especie y su preservación. Pero sin Dios en la ecuación, ni la existencia de la vida ni su preservación son un bien; por el contrario, solo lo será aquello que yo prefiera o considere útil. Entonces surge la pregunta: «¿Útil para qué?». ¿Útil para una vida moral? ¿Pero hay acaso alguna exigencia moral en la vida si todo es un accidente? Esto nos lleva a la tercera consecuencia.

2.3. Consecuencia 3: si Dios no existe, el universo no tiene sentido.

Hace algunos años, me reuní con algunos misioneros FOCUS[16] en Carolina del Norte. Como actividad de convivencia, fuimos a dar una vuelta por una galería de arte. Era fascinante, pero toda la galería estaba llena de obras de arte posmoderno (el tipo de arte que va desde un retrete en una esquina a una cama sin hacer en la otra). En una de las paredes había un determinado cuadro que atrajo mi atención. Era enorme, algo así como tres por tres metros, y estaba completamente pintado en rojo con dos o tres pequeños borrones oscuros. Debí quedarme allí cosa de quince minutos, tan solo mirándolo, absorbiendo los detalles. Era grande, y era rojo, y yo estaba simplemente impactado por él.

Estando allí de pie, debía parecer como que sabía lo que estaba haciendo, porque dos hombres se me acercaron, me miraron, miraron al cuadro y me volvieron a mirar y me preguntaron educadamente: «Disculpe, pero ¿qué es lo que ve?».

No te estoy tomando el pelo; los siguientes quince minutos estuve describiendo el color rojo: «Creo que es esto; esta cosa de aquí representa esto; el rojo mismo pretende indicar esta otra cosa»; y así sucesivamente. En total, estuve mirando este cuadro durante treinta minutos —son treinta minutos de mi vida que nunca recuperaré—.

Me quedé media hora observando y describiendo lo que el cuadro significaba para mí, no lo que el cuadro

16 NdT: Siglas de Fellowship of Catholic University Students, Sociedad de Estudiantes Universitarios Católicos.

significaba en sí y por sí mismo. Si quisiera saber qué significaba realmente el cuadro, ¿a quién habría tenido que preguntar? Al artista, por supuesto. Ahora, digamos que el artista hubiera entrado en la sala mientras yo estaba admirando su cuadro y le hubiera dicho: «Esto es lo que yo pienso que significa su cuadro». Y el pintor hubiera respondido: «Bueno, esa es una rara interpretación de mi cuadro. Me estaba preparando para pintar, así que extendí este enorme lienzo en el suelo. Entonces mis gatos pasaron y vertieron toda la pintura roja, que cubrió completamente mi lienzo. Como no sabía qué hacer con él, lo colgué y goteó y se secó así. Cuando lo volví a mirar, ese par de borrones, el tamaño y el color, todo me impactó, así que decidí colgarlo como una obra de arte».

Bien, lo que el artista estaría diciendo es que el cuadro en sí y por sí mismo no significa nada; fue el resultado de un accidente. Yo podría encontrar sentido en el cuadro, pero el cuadro en sí y por sí mismo —a pesar de haberle yo encontrado sentido— no lo tendría.

De modo similar, sin Dios, el universo es un accidente. Los accidentes, en sí y por sí mismos, no tienen sentido. Yo podría intentar leer en él algún sentido, diciendo: «Hay sentido en la belleza del atardecer... Hay sentido en la belleza de un recién nacido... sentido en la vida que existe y que continúa perpetuándose». Podría encontrar también sentido en otras cosas: en las relaciones, en mi trabajo, en mi vida o en mis hijos. Pero, en última instancia, si la creación es un accidente, no hay sentido real. Para el ateo, no puede haber sentido objetivo en nada porque todo es un accidente.

Así que hay tres consecuencias de la no existencia de Dios: no hay libre albedrío, no hay bien ni mal y no hay sentido en nada en absoluto. Y, sin embargo, la mayoría de nosotros diríamos que eso no se corresponde con nuestra experiencia.

Primero, nuestra experiencia suele ser que, incluso aunque no siempre elegimos lo que queremos o lo que debiéramos, aun así, reconocemos que tenemos elección. Todos nos comportamos como si el libre albedrío existiera.

Segundo, mientras que no siempre nos ponemos de acuerdo sobre lo que está bien o mal específicamente, la mayoría de nosotros, cuando se nos presiona, reconocemos que hay algunas cosas que están siempre bien y algunas cosas que están siempre mal. Antes hemos visto que un número cada vez mayor de personas habla a veces como si pensara que no hay ni bien ni mal. Sin embargo, como también he comentado, la mayoría de personas admitiría que cosas como las violaciones o el racismo —o, si forzamos el asunto un poco más, la esclavitud— están mal.

En tercer lugar, es verdad que a veces puede ser difícil encontrar el sentido a muchas cosas en nuestra vida. Pero, aunque podamos ser incapaces de percibir con claridad lo que significa todo, sin embargo, tenemos la sensación de que el universo tiene sentido. Si no la tuviéramos, entonces no experimentaríamos las cosas que aparentemente no tienen sentido. Solo podemos experimentarlas porque tenemos cierta intuición de que esto o aquello que aparentemente no tiene sentido contradice el modo en que las cosas deberían ser. Como advirtió C. S. Lewis, del mismo modo que la noción de ceguera no tendría sentido en un universo sin visión, así también la idea del sinsentido no tendría lógica para nosotros a no ser que tuviéramos alguna noción de sentido, por limitada o parcial que fuera. Por tanto, prácticamente todo en nuestra experiencia apunta a la realidad, a la verdad objetiva y a la existencia de Dios. De modo que hay buenas razones para pensar, como hacen los cristianos, que Dios es real. Si Dios existe, ¿qué significa eso para la humanidad? ¿Qué tiene que ver su existencia con el tema de este libro? ¿Qué tiene esto que ver con el sexo?

BUENOS PERO CAÍDOS

Hace unos años, cuando yo era un sacerdote joven y estaba de servicio en Hibbing, Minnesota, recuerdo que visité a una mujer de noventa años en el hospital. Sus hijos y sus nietos la rodeaban y, en un momento dado, alguien de la familia mencionó que una de sus nietas estaba viviendo con su novio. Respondí diciendo: «Siento oír eso». La anciana me miró y dijo: «Bueno, ¿qué podemos hacer? Siempre ha sido así». Se refería a que la gente siempre se ha sentido inclinada a hacer lo que quiere y ha tenido dificultades con la castidad dentro y fuera del matrimonio.

La generalización de la anciana tenía algo de verdad sin duda alguna, lo suficiente como para hacerme pensar: ¿siempre ha sido así? ¿Siempre nos hemos sentido inclinados a hacer lo que queremos, a seguir nuestro propio camino? Afortunadamente para nosotros, el papa san Juan Pablo II dedicó cada miércoles durante cinco años prácticamente a responder esta pregunta. Esas audiencias de los miércoles se compilaron más tarde y se recogen en lo que se considera su gran obra, *La teología del cuerpo*, que trata temas como las relaciones humanas, la dignidad humana y el amor humano.

Empezó toda esta serie de catequesis con el pasaje de Mt 19,7-9 donde preguntan a Jesús sobre su opinión acerca del divorcio y la posibilidad de casarse de nuevo.

> Insistieron [algunos fariseos]: «¿Y por qué mandó Moisés darle acta de divorcio y repudiarla?». Él les contestó: «Por la dureza de vuestro corazón os permitió Moisés repudiar a vuestras mujeres; pero, al principio, no era así. Pero yo os digo que, si uno repudia a su mujer —no

hablo de unión ilegítima— y se casa con otra, comete adulterio».

En este pasaje, los fariseos desafían las enseñanzas de Jesús citando cómo Moisés permitió el divorcio. Jesús les refuta explicando que Moisés lo permitió por la dureza de sus corazones. Entonces, Jesús les revela que esta dureza de corazón no siempre estuvo ahí: «Al principio no era así». Juan Pablo II dedicó su investigación por entero a cómo era ese «al principio» de este pasaje de las Escrituras, haciendo las siguientes preguntas: ¿Cuál era la experiencia humana al principio? ¿Cuál era nuestra experiencia de nosotros mismos? ¿Cuál era nuestra experiencia de los demás? ¿Cuál era nuestra experiencia de Dios? ¿Cuál era nuestra experiencia del amor? Para responder estas preguntas tan profundas y ayudarnos a descubrir quiénes somos realmente, Juan Pablo II recurrió a los primeros dos capítulos del Génesis.

Lo que encontró —y lo que muchos de nosotros intuimos— es que ahora las cosas no son como siempre han sido. Las cosas no son como deberían ser. Mucha gente intuye que algo va mal en nuestro mundo. Cada vez que hablo con grupos de adolescentes en los institutos o en las universidades, expresan esa sensación, resultado de una mezcla entre la injusticia y el sufrimiento evidentes en el mundo que nos rodea, y la propia miseria que experimentamos en nuestra vida.

Podemos distinguir patrones de miseria en el mundo, y todos experimentamos algún componente de esta miseria en nuestras relaciones con nuestros padres o amigos, o incluso con nosotros mismos. Por ello, la pregunta clave es: ¿es así como debe ser? ¿Tenía el mundo que ser tan imperfecto? ¿Teníamos que experimentar dolor, traición y sufrimiento? ¿Fue esa la intención de Dios al crearnos? Jesús responde nuestras preguntas con un tajante no, diciendo básicamente: «No, al principio no era así. Al principio era diferente».

Entonces, ¿cómo era al principio? El libro del Génesis tiene la respuesta a esa pregunta. En el jardín del Edén, Adán y Eva no experimentaban el mismo tipo de alienación que nosotros en nuestras relaciones. La Escritura nos dice que «los dos estaban desnudos, Adán y su mujer, pero no sentían vergüenza uno de otro» (2,25). Esto significa que Adán y Eva podían estar uno frente al otro desnudos, sin deseo de cubrirse o estar «en guardia». Su relación era plena, completa, intacta.

Además de la armonía que experimentaban el hombre y la mujer entre ellos, también experimentaban completa armonía en su relación con Dios y con toda la creación (*Catecismo de la Iglesia católica*, n.º 376). Incluso la identidad más profunda de Adán y Eva, su mismo ser, estaba integrada. No estaban en guerra con ellos mismos, sino que experimentaban unidad y plenitud en su interior.

¿Qué pasó entonces? ¿Qué hizo que las cosas cambiaran?

1. Algo distinto a Dios

En un determinado momento, algo extraño a la finalidad original de Dios entró en el mundo: el pecado. La tradición judeocristiana nos enseña que nuestros primeros padres usaron su intelecto y su voluntad para elegir algo distinto a Dios, algo distinto a una libertad y amor genuinos.

El resultado de este abuso de libertad fue la ruptura y las divisiones en nuestras relaciones humanas. No solo se resquebrajó nuestra relación con Dios, sino también nuestras relaciones con los demás y con nosotros mismos. Las palabras de san Pablo captan a la perfección nuestra naturaleza quebrantada: «Pues sabemos que la ley es espiritual, mientras que yo soy carnal, vendido al poder del pecado. En efecto, no entiendo mi comportamiento, pues no hago lo que quiero, sino que hago lo que aborrezco» (Rom 7,14-15). Está refiriéndose al desgarre interno que todos tenemos dentro. Aunque estamos hechos para la grandeza, nos cuesta alcanzarla porque aún vivimos en un estado de caída. El filósofo y matemático Blaise Pascal, del siglo XVII, explica cómo el hombre es el único consciente de ese estado de desgarre, diciendo: «La grandeza del hombre proviene de conocer su miseria. Un árbol no conoce su miseria»[17].

2. Consecuencias de la Caída

¿Cuáles son las consecuencias de la Caída aparte de las relaciones resquebrajadas? ¿Cómo nos afecta como individuos? Hemos dicho que el ser humano es una unidad de alma y cuerpo. Al igual que los ángeles, tenemos mente y voluntad, cualidades del alma, y, al igual que los animales, tenemos emociones y sentidos, cualidades del cuerpo. La Caída nos ha dejado heridas que conciernen tanto al alma como al cuerpo. La tradición católica ha señalado tres. La primera es el oscurecimiento de nuestro intelecto, es decir, que nuestras mentes, hechas para alcanzar la verdad, ahora lo tienen más difícil para percibir con claridad y consistencia qué es la verdad que antes de la Caída. Estamos

17 BLAISE PASCAL, *Pensées* 6397 [ed. esp. *Pensamientos* (Losada, Buenos Aires 1972) 160-163, 179, 185 y 186].

expuestos al engaño y a la ilusión a la hora de percibirnos a nosotros mismos, a los demás, y el mundo.

La segunda consecuencia está relacionada con la voluntad. Nuestra voluntad, hecha para alcanzar lo que es bueno, ha perdido su fuerza de actuar conforme a lo bueno. Puedo saber lo que debería hacer, pero a menudo no lo hago. Por ejemplo, he intentado muchas veces ponerme a dieta, sé que me vendría bien, y estoy decidido a hacerlo... al menos al principio. Pero cuando llega el tercer día de la dieta, los dónuts se me hacen más apetecibles que nunca. Cuando me doy cuenta, estoy sentado en el sofá con una caja vacía de donuts abierta a mi lado. Ahora más en serio: sé que no debería mentir, o hablar mal de los demás, o actuar de forma egoísta para conseguir lo que quiero para mí. Sé que no debería moverme por el orgullo, la envidia o la cobardía, y quiero hacer lo correcto en todos esos ámbitos la mayoría de las veces, pero no lo hago en muchas ocasiones por la debilidad de mi voluntad.

La tercera consecuencia de la Caída incluye las emociones y los deseos sensuales. Fuimos hechos para vivir en armonía con nosotros mismos: nuestras mentes servían para decir qué es lo verdadero, nuestra voluntad para moverse hacia y realizar lo que es bueno, y nuestras emociones y deseos físicos para ajustarse de forma natural a lo bueno y a la verdad y apoyarnos en eso. Pero con la Caída, como nuestra mente y nuestra voluntad rechazaron lo decretado por Dios, nuestra naturaleza corporal quedó afectada de tal forma que tiene una tendencia a alzarse por encima de nuestra razón, e ir en contra de nuestra voluntad, y sentirse atraída hacia lo que no nos lleva ni a la verdad ni al amor.

Todas estas heridas no nos han arrebatado el ser imagen de Dios. Seguimos siendo creados para el bien y aún tenemos la dignidad que viene de ser hijos de Dios, pero no cabe duda de que hemos caído, y tenemos que luchar aún para recuperar nuestra armonía interior.

3. La verdad y sus consecuencias

En 2011, Lady Gaga sacó una canción llamada *Born this way*. Uno de los versos dice lo siguiente:

> Soy hermoso a mi manera
> porque Dios no comete errores.
> Estoy en el buen camino, cariño.
> Yo nací así.

Lady Gaga no se anduvo con rodeos acerca de lo que quería expresar con la letra de su canción. Por todo el mundo, mucha gente que se había sentido incómoda con la experiencia de su sexualidad acogió esta canción como un himno triunfal.

Aunque seamos buenos, y aunque es bueno que existamos, debemos recordar que todos vivimos en estado de caída. Esto significa que, aunque «Dios no hace chapuzas», una consecuencia de la Caída es que en realidad no somos perfectos. Por eso, no todo lo que deseamos es bueno para nosotros.

He oído a muchas personas defender su comportamiento diciendo: «Bueno, no puede estar mal porque Dios me hizo así». La lógica es que cualquier pecado que cometan no es culpa suya porque Dios les dio la atracción por este o aquel pecado en particular. Oigo más a menudo este argumento cuando la gente habla sobre su atracción sexual, bien sean sus deseos homosexuales o heterosexuales. Si llevamos este argumento a su consecuencia lógica, vemos claramente su deficiencia. Por ejemplo, también podríamos decir sin problema que «Dios me ha dado mal genio», o «Dios me hizo con una actitud arrogante», o «Dios me hizo muy hablador, así que tengo que cotillear» —aunque parezca mentira, he escuchado de verdad a gente decirme esta última excusa—. Lo que al fin y al cabo se está afirmando es que todo lo que hagamos es culpa de Dios de una forma u otra; sin embargo, ¿es verdad realmente? Si fuera así, no seríamos más que robots programados, porque no seríamos responsables de nada de lo que hiciéramos. Cuando empezamos a echarle la culpa a Dios, hemos dado un gran paso en falso: malinterpretamos a Dios y a nosotros mismos.

Dios nunca es causa de que alguien tenga tentaciones. En la Carta de Santiago, el autor hizo posible aclarar esta verdad. Para ello, escribe que «cuando alguien se vea tentado, que no diga: "Es Dios quien me tienta", pues Dios no es tentado por el mal y él no tienta a nadie» (1,13). Solo porque alguien sienta una u otra atracción, no implica que Dios la apruebe. Decir lo contrario no sería solo un malentendido sobre quién es Dios, sino también sobre nuestra naturaleza humana. Santiago continúa diciendo: «A cada uno le tienta su propio deseo cuando lo arrastra y lo seduce» (1,14).

Por otro lado, estas excusas tienen algo positivo, y es que la gente que las utiliza reconoce la existencia en su interior de una atracción hacia algo pecaminoso. No puede haber progreso en la vida espiritual si no reconocemos la realidad de nuestras circunstancias presentes, de modo que si resulta que estoy teniendo una lucha interna con algo, es mejor admitirlo que ocultarlo. A veces podemos quedarnos tan impactados por nuestros pecados que preferiríamos ignorarlos o fingir que no nos hacen daño antes que llevarlos al amor y la misericordia de Jesús.

Los católicos creemos que Dios nos hizo buenos. Fuimos creados a su imagen y semejanza y llevaremos esa imagen y semejanza hasta la eternidad. Sin embargo, pese a que tenemos esa bondad humana intrínseca y esa dignidad, no todo lo que hay en nosotros es bueno.

Cuando experimentamos una atracción al pecado, lo último que debemos hacer es creer la mentira de que «Dios nos hizo así». Jesucristo vino a la tierra a sufrir, morir y resucitar de entre los muertos. ¿Por qué? Por nuestra redención. Por eso envió el Espíritu Santo, por eso nos dio la Iglesia. El plan de Dios es salvarnos y redimirnos de nuestros deseos heridos que tan a menudo pueden dominar nuestra vida, y llevar esto a cabo «rehaciéndonos» conforme a su voluntad.

Aunque nos esforcemos por permitir que Dios nos sane nuestra «herida original», como llama Benedict Groeschel al pecado original[18], debemos entender que esta sanación normalmente requiere su tiempo y que puede ser un proceso difícil y doloroso. Es una invitación a ser paciente contigo mismo en tus heridas, y a ser paciente con la gente que te rodea y sus propias heridas. Es una invitación a seguir enseñando la verdad: Dios te tiene reservado algo más que esa o aquella atracción. Su plan para tu vida es la libertad. Su plan para tu vida es la redención. Su plan para tu vida es el amor.

---

18 Benedict J. Groeschel, *Healing the original wound: reflections on the full meaning of salvation* (Servant Publications, Ann Arbor: MI 1993).

CREADOS PARA AMAR

El hombre no puede vivir sin amar. Él permanece para sí mismo como un ser incomprensible, su vida está privada de sentido si no se le revela el amor, si no se encuentra con el amor, si no lo experimenta y lo hace propio, si no participa en él vivamente.

San Juan Pablo II, Magno[19]

El 14 de diciembre del 2004 recibí un mensaje de Facebook de una antigua amiga de la universidad. Más concretamente, era la mujer con quien, en su momento, pensé que me iba a casar. Puedo recordar el día en que nuestra relación acabó como si hubiera sucedido la semana pasada. En aquel momento, yo estaba de misionero en Centroamérica y la mejor manera de comunicarnos era por carta. Nos habíamos estado mandando cerca de dos cartas al día durante todo el tiempo que estuve allí. Pero, conforme pasaban las semanas, se hacía más y más claro que Dios me estaba llamando a entrar en el seminario en cuanto volviera a los Estados Unidos.

Esta mujer es increíblemente talentosa e inteligente. Sabía que pasaba algo y se dio cuenta de que teníamos que tener una conversación «de verdad»: una conversación por teléfono. Yo estaba de acuerdo, así que quedamos en que ella me llamaría al único teléfono al que yo tenía acceso, ubicado en la aldea vecina.

---

19 JUAN PABLO II, carta encíclica *Redemptor hominis* (4 de marzo de 1979), 10: en https://www.vatican.va/content/john-paul-ii/es/encyclicals/documents/hf_jp-ii_enc_04031979_redemptor-hominis.html

Aquel viernes al final de la tarde, a las siete en punto, me encontraba sentado a oscuras, esperando a que el teléfono sonara. Por fin, sonó y lo descolgué rápidamente: «Hola, Mel». «Hola», respondió e hizo una breve pausa antes de continuar: «Bueno, ¿qué pasa?». «Em; creo... creo que tengo que entrar en el seminario el año que viene». Las lágrimas corrían por mis mejillas. Silencio. Después de un breve momento, esta increíble mujer dijo: «Bueno, yo ya sabía que esto era una posibilidad antes de que empezáramos a salir».

Hala, vaya respuesta más considerada. No me lo podía creer. Estaba siendo tan desinteresada. Yo me sentía fatal y deseaba poder seguir con ella; pero también sabía que necesitaba, al menos, probar en el seminario. Con el corazón roto y profundamente triste, le dije: «Lo siento mucho, Mel. De verdad que lo siento mucho».

«Lo sé —respondió inmediatamente—. Pero si esto es lo que Dios quiere para tu vida, entonces es lo que quiere para mi vida también. Si Dios te está llamando a otro sitio, eso significa que me está llamando a otro sitio también a mí».

Me quedé pasmado. Su generosidad y comprensión me conmovieron. Esta mujer había sido siempre una de las personas más cariñosas y sensatas que había conocido, y esto fue claramente evidente en el final de nuestra relación. Probablemente Mel sabía que podría haberme convencido para que no fuera al seminario, pero se abstuvo de hacerlo. Si hubiera elegido hacerlo, yo no habría ofrecido mucha resistencia. Creo que ella también sabía eso. Estaba tan enamorado de ella que quizás me habría rendido inmediatamente.

Aunque no había visto a Mel en años, pude ver la misma persona cariñosa y sensata en el mensaje de Facebook que me envió aquel 14 de diciembre de 2004. Mel había estado trabajando en la costa del Pacífico noroccidental para una organización que ayudaba a jóvenes y chicos que habían huido de sus casas para vivir en la calle. Su trabajo consistía en acogerlos, escucharlos y cuidar de ellos. Muchos de estos chicos huían de casa porque habían experimentado rechazo o abusos por parte de sus familias. Me escribía que una razón habitual por la que estos chicos eran rechazados era porque experimentaban atracción por el mismo sexo o confusión acerca de su identidad sexual.

Su mensaje decía: «Es que estoy tan enfadada con la Iglesia. No puedo creer en una institución que les diga a estos chicos (que han sufrido tal rechazo por parte de los que se suponía que les querían) que están *equivocados* o *estropeados*».

Yo podía escuchar el corazón generoso y amoroso de Mel latiendo en todo el mensaje. Era el mismo corazón que atendía a los demás, que sentía el dolor de los demás y que la había conducido finalmente a Portland para cuidar de jóvenes sin hogar.

Entendía su frustración, aunque no compartiera su afirmación acerca de la Iglesia. Claramente, los padres y tutores que se suponía que debían cuidar a estos chicos habían fracasado. En lugar de sentirse seguros en sus familias, estos jóvenes experimentaban el dolor del rechazo y, a veces, la violencia porque se identificaban como gais. Y eso no estaba bien. Eso *no está* bien. A estos chicos no se les dio un lugar para refugiarse; en lugar de ello, se les echó de sus casas y de sus familias simplemente porque se identificaban como gais.

Eso no está bien. Eso no es amor. Y ese no es el mensaje de la Iglesia.

1. ¿Qué es el amor, después de todo?

La cita del papa san Juan Pablo II al principio de este capítulo sostiene que el ser humano no puede vivir sin amor. Todo ser humano —independientemente de su orientación sexual, de sus experiencias de pasadas relaciones o de cómo le hayan tratado los miembros de su familia— está hecho para amar. Toda persona ha sido destinada por Dios a ser amada. No hay nadie que quede excluido de esto.

Pero ¿qué es el amor? Por supuesto, el amor es a menudo un sentimiento —un sentimiento de afecto que tenemos por otras personas. Pero el amor es más que un sustantivo, es también un verbo; una acción, no solo una emoción. Claramente necesitamos una buena definición de amor con la que podamos trabajar. Afortunadamente, un fraile dominico del siglo XIII, santo Tomás de Aquino, nos dio esta definición del amor: «Amar es querer el bien para alguien»[20]. Santo Tomás sabía que el amor a menudo implica emoción, pero, lo que es más importante, sabía que el amor debe ser algo efectivo (acción) más que meramente afectivo (sentimiento).

«Quien ama considera al amigo como a sí mismo y hace suyo el mal que él padece. Por eso, se duele del mal del amigo como si fuera propio».[21] Esto es misericordia afectiva o amor, en el cual el corazón del que ama se mueve por el dolor del otro. La compasión de la persona se enraíza en el afecto.

Por supuesto, esto es una cosa buena. El afecto nos lleva al amor. La emoción que obtenemos del amor es buena.

---

20 SANTO TOMÁS DE AQUINO, *Suma teológica* I-II, q. 26, a.4 (BAC, Madrid 1989).

21 *Ibid,* II-II, q. 30, a.2.

¡La emoción, en sí misma, no es algo malo! De hecho, es esta misma emoción, este mismo deseo, el que a menudo nos saca de nosotros mismos. Sin embargo, la mera emoción no es suficiente. Cuando santo Tomás se refería al amor como hacer propios los males que el amigo padece, quería decir mucho más que *sentirse* mal al lado del amigo.

2. Más que un sentimiento

Hace algunos años, Steve Carell protagonizó la película *Como la vida misma*. En la película, el personaje de Carell, Dan Burns, es el padre de tres chicas. La hija mediana, estudiante de instituto, tiene novio. En un momento de la película, Carell —que está viviendo su propio momento de encaprichamiento con la novia de su hermano— se sienta a hablar con el novio de su hija sobre su relación. Como adulto, asume el rol de profesor. Pero, sorprendentemente, al final de la conversación parece que los roles se han intercambiado. Él se ha convertido en el que necesita que le enseñen, y el joven se ha convertido en el profesor. El consejo que le da el novio es: «Sr. Burns, el amor no es un sentimiento... Es una habilidad».

«El amor no es un sentimiento... Es una habilidad». Estoy seguro de que has oído esa idea (o una parecida) cientos de veces. Pero ¿qué significa?

Primero, significa lo que hemos dicho arriba: el amor no es meramente una emoción afectiva; debe ser una elección efectiva. Si el amor es una habilidad, entonces amar es algo en lo que una persona puede ser muy buena o muy mala. Si el amor es una habilidad, se necesita aprender a ejercerla. No puedo simplemente depender de mis instintos o pasiones a la hora de dirigir mis acciones; necesito entrenarme para amar bien.

El Dr. Edward Sri, profesor en el Augustine Institut en Denver, Colorado, visitó una vez nuestro campus en Duluth para dar una charla sobre el amor y las relaciones. Señaló que la mera emoción o pasión por una cosa o una persona nunca puede garantizar la aptitud. El Dr. Sri usaba la imagen de los vuelos de los aviones para ilustrar su argumento.

«Imagina que te encantan los aviones. Cada vez que ves un avión, tu corazón se pone a mil. Cada vez que pasas en coche cerca del aeropuerto, siempre estiras el cuello para ver si puedes pillar y ver algún avión despegando o aterrizando. Estás tan apasionado con los aviones que tienes pósteres de diferentes modelos por toda tu habitación; y cada vez que alguien menciona lo de volar, no eres capaz de concentrarte en nada más. Si fueras así, cualquiera podría decir razonablemente que eres un "apasionado" del vuelo».

«Pero —preguntó— ¿te capacitaría esa pasión para pilotar un avión? Por decirlo de otro modo, ¿estarías dispuesto a montarte en un avión que fuera pilotado por alguien que es un apasionado del vuelo, pero que nunca ha recibido formación para volar?».

Obviamente, nunca confiarías a alguien pilotar un avión simplemente porque esa persona fuera una apasionada del vuelo. Sin embargo, sí estarías dispuesto a subirte a un avión y confiar tu vida a alguien que fuera a la vez un apasionado del vuelo y un piloto formado. Probablemente estarías incluso dispuesto a confiar en alguien que no fuera un apasionado del vuelo, pero que sí fuera un gran piloto. Pero una persona sensata solo confiaría en alguien que haya desarrollado la habilidad de volar bien.

En el mismo sentido, sería imprudente confiar tu corazón a alguien que estuviera apasionado con el amor y contigo, si esa persona no poseyera la habilidad de amar. Estar apasionado por una persona y tener fuertes sentimientos por ella no garantiza que vayas a amarla bien. Estamos hechos para el amor, pero también estamos heridos de un excesivo amor propio. El amor es aquello para lo que hemos nacido y, sin embargo, nadie nace con la habilidad de amar bien. Debemos aprender a amar bien. Y lograrlo no es solo cuestión de asimilar más información, sino también de transformación.

3. Dios es amor

El papa Benedicto señalaba esto justo en su primera encíclica, *Deus caritas est* (Dios es amor). En los primeros párrafos, señalaba que hay algunos en la historia que querrían criticar al cristianismo por «envenenar» el amor romántico[22]. El papa Benedicto mencionaba específicamente que Friedrich Nietzsche se quejaba de que el cristianismo había provocado la degeneración del amor erótico en un vicio. En contraste con otras civilizaciones o filosofías que exaltaban el amor (como los antiguos griegos), Nietzsche sostenía que el cristianismo había hecho del amor algo malo[23].

Y, sin embargo, el papa Benedicto señalaba:

> Recordemos el mundo precristiano. Los griegos —sin duda análogamente a otras culturas— consideraban el

---

22 BENEDICTO XVI, carta encíclica *Deus caritas est* (25 de diciembre de 2005), 1-4, especialmente n.º 5, en https://www.vatican.va/content/benedict-xvi/es/encyclicals/documents/hf_ben-xvi_enc_20051225_deus-caritas-est.html

23 Cf. *Jenseits von gut und böse,* IV, 168 [ed. esp. *Más allá del bien y del mal* (Alba, Madrid 1997)].

> *eros* ante todo como un arrebato, una «locura divina» que prevalece sobre la razón, que arranca al hombre de la limitación de su existencia y, en este quedar estremecido por una potencia divina, le hace experimentar la dicha más alta. De este modo, todas las demás potencias entre cielo y tierra parecen de segunda importancia: «Omnia vincit amor», dice Virgilio en las *Bucólicas* —el amor todo lo vence—, y añade: «Et nos cedamus amori», rindámonos también nosotros al amor (*Jenseits von Gut und Böse* X, 69). En el campo de las religiones, esta actitud se ha plasmado en los cultos de la fertilidad, entre los que se encuentra la prostitución «sagrada» que se daba en muchos templos[24].

Por tanto, aunque había gente que parecía tratar al *eros* como liberador y empoderador y se «rendía» a él, esto era a costa de los demás. Su rendición al amor (como ellos lo entendían) incluía lo que no era realmente una ascensión a la grandeza, independientemente de lo que entendieran como tal, sino un descenso al uso egoísta del prójimo.

El papa Benedicto continúa:

> El Antiguo Testamento se opuso con máxima firmeza [a esta forma de religión], combatiéndola como perversión de la religiosidad. No obstante, en modo alguno rechazó con ello el *eros* como tal, sino que declaró la guerra a su desviación destructora, puesto que la falsa divinización del eros que se produce en esos casos lo priva de su dignidad divina y lo deshumaniza [...]. Por eso, el *eros* ebrio e indisciplinado no es elevación, «éxtasis» hacia lo divino, sino caída, degradación del hombre. Resulta así evidente

24 *Deus caritas est*, n.º 4.

> que el *eros* necesita disciplina y purificación para dar al hombre no el placer de un instante, sino un modo de hacerle pregustar en cierta manera lo más alto de su existencia, esa felicidad a la que tiende todo nuestro ser[25].

Al recordarles a sus lectores que el amor no es meramente un instinto que uno sigue ciegamente, sino algo que necesita «disciplina y purificación», el papa Benedicto nos lleva rápidamente a la realidad de nuestra débil condición, así como a nuestra necesidad de desarrollar la habilidad para amar.

4. La transformación implica entrenamiento

Claramente, el intelecto es muy importante cuando se trata de ser capaces de amar bien. Si amar es «querer el bien del otro», entonces el intelecto de uno tiene que formarse para saber qué es de verdad el bien. Pero la voluntad es precisamente igual de importante para desarrollar la habilidad de amar bien. A menudo sabemos lo que está bien, pero, por la Caída, no logramos elegirlo. En la mayoría de los casos, nuestras pasiones superan nuestra voluntad, y nos encontramos a nosotros mismos obedeciendo a nuestra sed.

Dan y Chip Heath comentaron este fenómeno en su libro *Cambia el chip*. En ese libro, tratan de explicar por qué tantas veces no logramos elegir el bien cuando sabemos que deberíamos hacerlo. Desde un punto de vista completamente secular, los dos autores reconocen que el intelecto humano (la parte de nosotros que conoce el bien y el mal) y la voluntad humana (la parte de nosotros

25 *Ibid.*

que elige el bien y el mal) se ven a menudo sobrepasados por las pasiones. Nuestras pasiones son tan poderosas, de hecho, que Dan y Chip las describen como el «elefante», mientras que nuestro intelecto y voluntad son meramente el «jinete», que guía al elefante montado en su grupa[26]. La mayoría del tiempo, no importa lo claro que tenga el jinete a dónde quiere ir, el elefante parece ir a lo suyo.

Sin embargo, la gente no necesita un libro que les cuente esto. Todos lo sabemos por experiencia. Si alguna vez has intentado seguir una dieta o hacer ejercicio regularmente, sabes cómo el «elefante» parece estar al mando. Prometerle amor a una persona no es garantía de que no te enamorarás en algún momento de otra. El corazón quiere lo que quiere; pero solo porque quieras algo no significa que debas elegirlo.

Incluso la Biblia habla acerca de este profundo dolor de desear algo que sabemos que no es bueno para nosotros o para los demás. Como se indicaba antes, san Pablo escribió:

> En efecto, no entiendo mi comportamiento, pues no hago lo que quiero, sino que hago lo que aborrezco; y si hago lo que no quiero, estoy de acuerdo con que la ley es buena. Ahora bien, no soy yo quien lo hace, sino el pecado que habita en mí. Pues sé que lo bueno no habita en mí, es decir, en mi carne; en efecto, querer está a mi alcance, pero hacer lo bueno, no. Pues no hago lo bueno que deseo, sino que obro lo malo que no deseo. Y si lo que no deseo es precisamente lo que hago, no soy yo el

---

26 Chip Heath y Dan Heath, *Switch: how to change things when change is hard* (Crown Publishing Group, Nueva York 2010) [trad. esp. *Cambia el chip: cómo afrontar cambios que parecen imposibles* (Ediciones Gestión 2000, Barcelona 2011)].

> que lo realiza, sino el pecado que habita en mí. Así, pues, descubro la siguiente ley: yo quiero hacer lo bueno, pero lo que está a mi alcance es hacer el mal. En efecto, según el hombre interior, me complazco en la ley de Dios; pero percibo en mis miembros otra ley que lucha contra la ley de mi razón, y me hace prisionero de la ley del pecado que está en mis miembros. ¡Desgraciado de mí! ¿Quién me librará de este cuerpo de muerte? ¡Gracias a Dios, por Jesucristo nuestro Señor! (Rom 7,15-24).

Todo esto es para decir que nuestro amor —o nuestra habilidad para amar— está desordenado. Nuestra naturaleza, creada buena, se ha visto dañada. Todos estamos, de maneras diversas, «no bien del todo». Estamos desordenados no solo en cómo amamos, sino también en qué amamos. ¡A menudo amamos las cosas equivocadas!

5. Desordenado

Los vídeos caseros pueden ser divertidos, pero también pueden ser increíblemente vergonzosos para los que tienen en ellos un papel protagonista. Hace poco estuve hablando con una amiga que se llama Whitney. Tanto ella como sus hermanos son ya mayores y no viven en casa. Hace algunos años, en Navidades, su familia se sentó para ver algunos vídeos caseros antiguos de Navidades pasadas. Whitney se moría de la vergüenza. En los vídeos no aparecía, digámoslo así, su lado más favorecedor. Corriendo de un regalo a otro, los iba abriendo para ver qué le habían regalado e inmediatamente los dejaba de lado para poder abrir el siguiente regalo. Viendo el vídeo, todos se reían por las gracietas, pero Whitney miró a sus padres y les preguntó: «¿Cómo era yo una niña tan avariciosa? ¿Por qué no me mandasteis castigada al cuarto o algo?».

La experiencia de Whitney podría resultarnos familiar a muchos de nosotros. Todos hemos pasado por ahí. A lo mejor no con regalos de Navidad, pero sería algo parecido. Todos hemos tenido que afrontar la elección entre no aferrarse a un juguete y conservar a un amigo o no compartir ese juguete y perder al amigo. Todos hemos experimentado un cierto desorden en nuestros deseos.

Cuando se trata de la atracción por el mismo sexo, la Iglesia católica la considera como un caso en el que nuestros afectos, o nuestras inclinaciones, están desordenadas. Por favor, no me malinterpretéis. No estoy diciendo que solo la atracción homosexual sea desordenada. Cuando se trata del deseo sexual, casi todas nuestras pasiones se ven amplificadas. Un hombre heterosexual que desea tener relaciones sexuales con alguien que no es su esposa. Este es un ejemplo de afecto desordenado. Un hombre homosexual que desea ver porno gay. Este es un deseo desordenado. Una mujer heterosexual que se queda prendada o excesivamente apegada a sus novelas románticas. Este es un ejemplo de cómo dirigir tu amor hacia algo equivocado. Una mujer homosexual que anhela intimidad sexual con su mejor amiga. Estos son ejemplos donde lo que queremos está, en grados diversos y sentidos distintos, desviado.

6. Aquí hay poder

El amor afectivo es poderoso. Es esa «sensación agradable» que experimentamos cuando amamos a una persona, un lugar o una cosa. Aunque este amor es bueno, sucede que también existe un tipo de amor aún mejor, aún más poderoso. Este amor se llama amor efectivo y es un amor que realmente nos mueve, en lugar de ser simplemente algo calentito en lo que acurrucarse, como una manta cálida. Es verdad: con el amor afectivo se está genial, pero el amor efectivo mueve: hace algo, es un amor que hace salir de uno mismo. Un amor que puede hacerte salir de ti mismo merece que nos detengamos a reflexionar sobre él.

El amor implica la voluntad. Querer algo es elegirlo. Es más que desear algo: al contrario, implica tomar acciones basadas en ese deseo. Yo vivo en el norte de Minnesota, donde mucha gente tiene cabañas en el bosque. Estas cabañas se usan en verano, pero se quedan vacías en invierno. Imagínate ir a una de estas cabañas rurales a mediados de enero. Si entraras en la cabaña, haría un frío de muerte, casi tanto como fuera. Una persona podría entrar en esta fría cabaña, sentarse en la mesa de la cocina y realmente desear entrar en calor. Sin embargo, hay una diferencia entre la persona que está ahí sentada, temblando, con el deseo de entrar en calor, y la persona que se levanta, va afuera, consigue leña, la trae dentro, enciende un fuego en la chimenea y elige calentar la cabaña.

Esta es la diferencia entre desear y querer. Me doy cuenta de que a veces preferiría desear amar a otra persona más que realmente elegir amar a esa persona. Quiero hacer el bien. Quiero amar a los demás. Tengo que reconocer, sin embargo, que hay una diferencia entre mi deseo por el bien del otro y mi voluntad por el bien de ese otro. El primero es afectivo y el segundo, efectivo. Querer algo es elegir actuar. Por tanto, amar a alguien afecta a la acción de amar. Voy a querer algo; voy a elegir algo; voy a hacer algo... lo cual nos lleva a la segunda parte.

Amar es querer el bien. ¿Cuál es el bien de alguien? Quiero decir, ¿quién dice cuál es el bien para alguien, en realidad? Primero, para saber cuál es el bien para algo, tenemos que conocer la naturaleza de ese algo. Por eso, hemos investigado la naturaleza de las cosas en uno de los capítulos anteriores. Por tanto, para saber cuál es el bien para el ser humano, tenemos que conocer cuál es la naturaleza del ser humano. Definimos el ser humano como una unidad de cuerpo y alma hecho a imagen y semejanza de Dios; una unidad hecha para la grandeza, hecha para la alegría, hecha para el amor, hecha para la libertad y hecha para la vida. Por esto, cuando quiero el bien de otra persona, lo que quiero debe ser congruente con esto.

Recuerdo estar hablando con una joven en el campus cuyo nombre era Shelly. Shelly se había quedado atrapada en la «cultura del rollito»: tenía encuentros sexuales con chicos a menudo, casi cada fin de semana. Se sentía sola y estaba buscando amor. En el transcurso de esos fines de semana, Shelly parecía sentirse menos sola, aunque solo fuera por un momento. Entonces se decía a sí misma, durante la semana después, que había pasado un buen rato, que ya no se sentía sola y que era deseable porque tal o tal chico había mostrado interés en ella. También se aseguraba a sí misma que podría conseguir otro chico que se interesara por ella el siguiente fin de semana.

Recuerdo haberle preguntado a Shelly: «¿Te das cuenta de que lo que estás haciendo no es amor? ¿Te das cuenta de que lo que estás haciendo para sentirte menos sola tan solo está agravando la profunda y dolorosa soledad que sientes en verdad?». Me temo que nunca llegó a ver lo que yo estaba intentando mostrarle. Amar a otras personas no es solo darles lo que quieren; es darles lo que es bueno para ellas. Es querer su bien.

7. Amar es querer el bien del otro

El amor está casi siempre enfocado hacia afuera. Aunque la gente necesita poder aceptarse y amarse a sí misma, no debe ser egoísta. El amor no es solo un sentimiento que te guardas para ti mismo, o algo que quieres para ti mismo. El amor nos mueve más allá de nosotros mismos. Un documento del Concilio Vaticano II afirmaba: «El hombre, única criatura terrestre a la que Dios ha amado por sí mismo, no puede encontrar su propia plenitud si no es en la entrega sincera de sí mismo a los demás (cf. Lc 17,33)»[27]. No puedes entregarte para otro u otros estando a la vez centrado en ti mismo. Al contrario, debes mirar hacia afuera. Uno de los principales problemas que tenemos en nuestro corazón es que estamos centrados en nuestro propio ombligo, estamos centrados en nosotros mismos.

El egoísmo es parte de nuestra naturaleza humana caída, dañada. Hemos sido creados para el amor, tanto para dar amor como para recibirlo. Estamos hechos para amar a Dios y a los demás, pero a menudo elegimos una imitación barata, como amarnos a nosotros mismos. Quiero lo que quiero cuando lo quiero. La solución para el problema del amor a uno mismo no es un rechazo masoquista de todo lo que deseo. Más bien, debo aprender a estar atento a las necesidades de los demás; tengo que pasar de centrarme en mí a centrarme en los demás. El amor no va de lo que yo consigo; va de lo que yo quiero para el otro, el bien que puedo querer para el otro. Así que ¿cómo puedo salir de mí mismo?

---

27 Concilio Vaticano II, constitución pastoral sobre la Iglesia en el mundo actual *Gaudium et spes*, 24, en https://www.vatican.va/archive/hist_councils/ii_vatican_council/documents/vat-ii_const_19651207_gaudium-et-spes_sp.html.

Echemos un vistazo a la imagen de Dios, como Amor, como Trinidad: Padre, Hijo y Espíritu Santo. Desde toda la eternidad, el Padre se derrama a sí mismo en amor por el Hijo, que recibe ese amor y se derrama en amor por el Padre. Ese amor derramado entre ellos es tan real y tan total que emana otra Persona: el Espíritu Santo. El amor compartido entre el Padre, el Hijo y el Espíritu Santo está enfocado hacia afuera. Si esto es lo que es el amor, entonces esto es aquello para lo que ha sido creado todo ser humano.

Estamos hechos a imagen de Dios, así que reflejamos algo de lo que es Dios. Esto significa, entre otras cosas, que estás destinado a ser un don para los demás. Estás hecho para amar y ser amado. Pero a veces nos confundimos: nuestra cultura ha tomado este inmensísimo término, *amor*, y lo ha reducido. En general, se ha reducido al amor romántico, que se ha reducido ulteriormente al sexo. Esto provoca que la gente malinterprete a Juan Pablo II cuando dice: «El hombre no puede vivir sin amor»[28]. El oyente moderno se ve tentado a interpretarlo como «el hombre no puede vivir sin sexo». Pero sabemos que esto no es verdad. Incluso los antiguos griegos comprendieron que esto no es verdad. Resulta interesante que, aunque solo hay una palabra para *amor* en nuestro idioma, los griegos tenían al menos cuatro: *storgē*, el amor de afecto; *eros*, el amor de deseo; *philia*, el amor fraternal o la verdadera amistad, y *agapē*, el amor de autovaciamiento.

Storgē es el amor al que nos referimos cuando decimos «quiero a mi perro», «me encanta mi casa» o «me encanta como huele mi casa cuando vuelvo para el día de Ac-

---

28 San Juan Pablo II, encíclica *Redemptor hominis*, 10 (4 de marzo de 1979).

ción de Gracias». Es un amor de afecto que prácticamente todos experimentamos a menudo. En su libro *Los cuatro amores*, C. S. Lewis describe *storgē* como el amor que es capaz naturalmente de amar lo detestable simplemente porque resulta familiar y se le tiene afecto[29].

El segundo tipo de amor es el *eros*, el amor de deseo. Es el tipo de amor que asociamos al romanticismo. En su mejor versión, este tipo de amor conduce al individuo a salir de sí mismo y renunciar a todo por la otra persona. En su peor versión, el *eros* provoca que el individuo quiera «poseer» a la otra persona. El *eros* puede ser poderoso para crear vida, pero también puede serlo para destruirla. Esta es una de las razones por las que los griegos respetaban el *eros*, pero no lo consideraban la forma más elevada de amor.

El *eros* es poderoso porque tiene energía; tiene el poder de conseguir que un hombre se lance a pedir salir a una chica. La *storgē*, sin embargo, es más comodona; es algo con lo que te puedes acurrucar sin realmente tomar acción alguna. Aquel es en gran parte efectivo, mientras que esta es en gran parte afectiva.

La *philia* puede entenderse como el amor entre dos buenos amigos. No es que tolere simplemente la presencia de la otra persona, sino que realmente disfruta de su presencia. Al contrario del *eros*, no se centra demasiado en la relación en sí misma y es el tipo de amor que con menos probabilidad conduce a la manipulación del otro. La *philia* es, además, bastante inusual. C. S. Lewis indicaba que una persona puede experimentar *philia* solo unas pocas veces en su vida. Ya que la *philia* es relativamente tan

29 C. S. Lewis, *The four loves* (Mariner Books, Nueva York 2012) [trad. esp. *Los cuatro amores* (Rialp, Madrid 2017)].

excepcional, y porque es la que con menos probabilidad se distorsiona, los griegos la consideraban la forma más elevada de amor.

Y, sin embargo, mucha gente sigue otorgando un valor más elevado al *eros* que a la *philia* a la hora de determinar a quién ama. No puedo contaros a cuántas parejas casadas he acompañado en las que ya sea el marido o la mujer viene y me dice: «¿Y ahora qué hago? Me acabo de enamorar de alguien que no es mi esposo». Yo les digo: «No te preocupes por ello. Eso no es más que *eros*. Basta con que no actúes conforme a esos sentimientos».

Quizás no estás de acuerdo con esta alta estima por el amor de *philia*, pero considera lo siguiente. Muchos novios y novias que vienen a mí para cursillos prematrimoniales, con la intención de indicar que su amor es más especial que otros tipos de amor romántico, me dicen: «Me voy a casar con mi mejor amigo». Lo que están diciendo verdaderamente es que su amor no es solo *eros*; es algo mayor. Y eso es maravilloso. Eso es lo que llamamos amor de *philia*. Estas personas están declarando que tienen algo más grande que el *eros*, ¡y eso es porque intuitivamente saben que hay un amor mayor que el *eros*! Lo que anhelamos de verdad es el amor de *philia*. Piensa en ello: ¿cuántas parejas preferirían ser con sus esposos simplemente parejas sexuales antes que amigos? Muy pocas, y las pocas que lo preferirían lo harían en su propio detrimento.

Cuando Juan Pablo II señaló que no podemos vivir sin amor, también subrayó que estamos hechos para ser un don de nosotros mismos: estamos hechos para la amistad. Toda persona, ya tenga orientación heterosexual u homosexual, está hecha para el amor, y está llamada a ser un don de amor. Esto no significa necesariamente sexo.

En la Jornada Mundial de la Juventud de 2004, el papa san Juan Pablo II señaló:

> El olvido de sí no es fácil; este aleja del amor posesivo y narcisista para abrir al hombre al gozo del amor que se dona. Esta escuela eucarística de libertad y de caridad enseña a superar las emociones superficiales para radicarse firmemente en lo que es verdadero y bueno; libra de encerrarse en uno mismo y prepara para abrirse a los demás, enseña a pasar de un amor afectivo a un amor efectivo. Porque amar no es solo un sentimiento; es un acto de voluntad que consiste en preferir de manera constante, por encima del propio el bien, el bien de los demás: «Nadie tiene mayor amor, que el que da su vida por sus amigos» (Jn 15,13)[30].

30 Juan Pablo II, Mensaje para la XIX Jornada Mundial de la Juventud 2004 (22 de febrero de 2004) n.º 5 (subrayado en el original): https://www.vatican.va/content/john-paul-ii/es/messages/youth/documents/hf_jp-ii_mes_20040301_xix-world-youth-day.html.

IDENTIDAD

La tarde del 22 de julio de 1978, una chica de catorce años llamada Jennifer se encontró acorralada contra el suelo por un atacante desconocido. El hombre, de veinticuatro años, había agredido anteriormente al menos a otra media docena de chicas jóvenes. La agredió física y sexualmente. Inmediatamente después, Jennifer llamó a la policía y fue a duras penas hasta un hospital. Varias semanas después, el vientre abultado de Jennifer mostraba claramente que estaba embarazada. Jennifer estaba aterrada y se preguntó si podría traer a un hijo engendrado en violencia a un mundo como este.

Ocho meses y tres días después del ataque, Jennifer dio a luz a una niña a la que llamó Melanie. Jennifer acababa de cumplir quince años y, consciente de que no podría hacerse cargo de su hija, dio a Melanie en adopción. Este bebé, esta «hija fruto de una violación» fue adoptada por lo que parecía ser una buena familia. Pero, trágicamente, en tercero de primaria Melanie sufrió abusos por parte de su tío. Los abusos continuaron hasta que cumplió dieciséis años.

Herida y avergonzada, Melanie buscaba consuelo en encuentros sexuales casuales. Durante los siguientes años, su vida fue una sucesión de rollos. Fantástica atleta, fue capaz de llegar a la universidad por medio de becas deportivas y externamente parecía que todo le iba bien. Pero internamente la cosa era diferente: Melanie se sentía como si su vida entera estuviera manchada. Primero, no solo es que fuera una hija de una violación, sino que también había sufrido abusos siendo niña. Segundo, era el tipo de persona que pensaba que no se merecía otra cosa que abusos. Por último, era el tipo de persona que sufría abusos no solo de otros, sino de sí misma.

Melanie se sentía rota, usada y odiosa. Aunque fuera exitosa a los ojos de los demás, no veía que su vida tuviera ninguna clase de meta, ningún propósito real. Y entonces sobrevino un gran cambio: apareció alguien en la vida de Melanie, cuando tenía veinticuatro años, que le presentó a Jesucristo. La vida de Melanie se transformó. Melanie ahora es una religiosa que viaja por el país hablando a chicos y chicas sobre la verdad de sus orígenes, sus historias y sus metas.

Mucha gente se pregunta: «¿Hasta qué punto mi experiencia sexual me define o me dota de identidad?». Esta pregunta nos concierne a todos, incluida la hermana Melanie. Todos tenemos un origen, una historia y una meta, y la manera de mirar estas cosas determinará cómo percibimos nuestra identidad.

Hablando de orígenes, estuve saliendo con una chica al final del instituto y al principio de la universidad durante tres años. Su hermano pequeño es aproximadamente seis años más joven que ella. Recuerdo claramente el día en que me miró de reojo y me dijo: «Él ha sido como un accidente». Esas palabras se me quedaron grabadas, resonantes; aunque no dije nada en aquel momento, pensé: «¿Un accidente? ¡No hay accidentes! ¡Ningún niño es un accidente!». Imagino que él crecería viéndose a sí mismo como un accidente y se vio influido por esta percepción de su origen, pensando: «No fui querido. No fui elegido. Soy solo un accidente».

Esta historia del origen puede llegar a ser incluso peor para una persona cuyo comienzo se ha visto marcado por la violencia. Un hijo de una violación podría pensar: «No solo soy un accidente, sino que soy el resultado de una acción violenta. Lo que me trajo a la existencia fue la violencia, no el amor». Esta percepción podría ser suficiente para dotar a una persona de su identidad, si bien una identidad distorsionada.

Ancestry.com es un sitio web donde cualquiera puede rastrear sus antepasados. Tengo algunos amigos que están interesados en su genealogía. Quieren conocer la historia de sus familias y antepasados: lo que hicieron, cómo vivían, qué tipo de éxitos y fracasos experimentaron. Entiendo esta curiosidad. Una razón por la que rastrear quiénes son nuestros antepasados es por la esperanza de encontrarnos con algo especial, algo único. Esencialmente, esperamos encontrar algo de grandeza en nuestras familias. Damos por sentado que, si hay grandeza en nuestras familias, entonces nuestros orígenes (e identidades) son grandiosos. Esa grandeza es parte de nuestra historia personal; es parte de lo que cada uno de nosotros es, la identidad personal de uno. «Mi tatarabuela ayudó a algunos esclavos a escapar del Sur»; «mi tía abuela salvó vidas durante la Gran Depresión»; «mi abuelo conoció al general Patton». A todos nos gustaría identificarnos con dichos antepasados. Buscamos dotarnos de una cierta identidad.

También podemos observar este fenómeno en la Biblia. El evangelio según san Mateo comienza con la genealogía de Jesús. Aunque oímos esta genealogía cada Adviento, la mayoría de la gente no reconoce la mayoría de los nombres, aunque conocemos algunos. La mayoría de nosotros estamos familiarizados con las historias de Adán, Abrahán, Isaac, David y Salomón. Podríamos preguntar: «¿Por qué empieza Mateo su evangelio con la genealogía de Jesús?». A primera vista, podríamos suponer que era porque los nombres de la lista representaban héroes y grandes figuras de las Escrituras. Pero si nos pusiéramos a excavar un poco, pronto encontraríamos una verdad diferente y, en cierto modo, más oscura.

Hay algunas personas en la genealogía de Jesús que definitivamente no fueron heroicas. Por ejemplo, está Judá, que tuvo un hijo con su nuera Tamar, pensando que era una prostituta. El linaje de Jesús pasa por Tamar.

También está la historia de David, rey de Israel, cuyo hijo Salomón era famoso por su sabiduría. La madre de Salomón, Betsabé, se convirtió en esposa de David en unas circunstancias terribles: después de haber tenido una aventura con ella, que resultó en su embarazo, David lo organizó todo para que el marido, uno de sus soldados, fuera abandonado en una batalla de manera que lo matara el ejército enemigo. David y Salomón son, ciertamente, antepasados de Jesús (a Jesús se le llama a veces «el hijo de David»), pero el mal comportamiento de David no define a Jesús.

La gente suele estar tentada de pensar que son un accidente, que su origen simplemente carece de significado. Y, sin embargo, como dejó claro el papa Benedicto: «Cada uno de nosotros es el fruto de un pensamiento de Dios. Cada uno de nosotros es querido, cada uno es amado, cada uno es necesario»[31]. El papa Benedicto está diciendo que, a pesar de la situación en que se produjo tu nacimiento, sea lo que sea que te hayan dicho sobre tu origen —que fuiste un accidente, que fuiste el hijo de un acto violento, que tu vida no sirve para nada—, tu origen es el resultado del amor de Dios. Tu origen está en el amor. El amor es lo que te dota de identidad.

---

31 BENEDICTO XVI, Homilía (plaza de San Pedro, 24 de abril de 2005): https://www.vatican.va/content/benedict-xvi/es/homilies/2005/documents/hf_ben-xvi_hom_20050424_inizio-pontificato.html.

1. Soy el que juega de portero

Además de definirnos por nuestros orígenes, muchos de nosotros estamos también tentados de definirnos por nuestras experiencias. Había un hombre que se había graduado en el instituto hacía más de treinta años. Cuando se encontró con un antiguo compañero, se volvió a presentar diciendo: «Soy Jack. ¿Te acuerdas de mí? Soy el que juega de portero». Bueno, está claro que le estaba trayendo a su antiguo compañero el recuerdo con el que podría recordarle, pero no dijo «Yo *era* el portero», sino «Yo *soy* el portero». Haciendo esto, se hizo definir por una posición en la que jugaba en su equipo de hockey del instituto hacía treinta años.

La tendencia a definirnos según nuestra historia o nuestra experiencia puede ser muy tentadora para aquellos que experimentan atracción por el mismo sexo. Por ejemplo, alguien podría decir: «Bueno, siento atracción por mi mismo sexo, por lo tanto, soy gay. Eso es lo que soy. Esa es mi identidad». Sin embargo, aunque nuestras experiencias son parte de nuestra historia, no existe experiencia alguna que sea tan fuerte como para dotarnos de nuestra identidad.

Hace unos años, escuché una charla del padre John Harvey, el fundador de Courage, una organización católica dedicada a ayudar a hombres y mujeres con atracción por el mismo sexo para que tengan una vida santa y feliz. En aquella charla, describió el siguiente panorama: imagina un chico de quince años y su mejor amigo detrás de un cobertizo, y están fumándose un cigarro por curiosidad. Si los pillaras, es muy probable que no los etiquetaras de fumadores. Pero imagínate que esos mismos chicos, en vez de fumar, están experimentando sexualmente el uno con el otro. Nuestra cultura responde de forma afirmativa diciendo: «¡Vaya! Habéis descubierto que sois gais. Eso es lo que sois». Una respuesta completamente distinta a la del primer ejemplo. ¿Por qué es así? ¿Por qué le damos tan rápido una identidad a la gente por una parte de su historia, cuando esa parte está relacionada con su sexualidad?

Ahora bien, no estoy intentando minimizar el poder de la experiencia de la sexualidad; solo estoy diciendo que no nos dota de identidad. Claramente, sentirse atraído por miembros del mismo sexo es una parte de la propia experiencia más significativa que ser el potero o fumar algunos cigarrillos. Pero considera el caso de Melanie. Su experiencia de abuso fue profundamente significativa, y tuvo un tremendo efecto en ella. Pero ¿acaso su traumática experiencia definía su identidad? Así lo pensó ella durante algún tiempo, pero se dio cuenta de que estaba equivocada. Si la experiencia sexual de Melanie no la dota de su identidad, ¿por qué sería suficiente la experiencia sexual de cualquier otro para definirla?

Incluso ahora que escribo estas líneas, sé que estoy pasando por alto lo que es obvio. Yo soy hetero. Esto hace que no me vea a mí mismo como un ser único. Por lo que se refiere a mi sexualidad, soy parte de la mayoría. Esto influye en mi percepción. Permíteme que comparta otra historia para ilustrar esto.

Cada uno de nosotros tiene una historia, y cada uno de nosotros tiene muchas experiencias. Para la hermana Melanie, parte de su experiencia era su autopercepción como alguien que había sido utilizada, alguien sin valor, alguien que, incluso, se había herido a sí misma. Como eso era parte de su historia, y una parte fundamental de su experiencia, se convirtió en lo que ella terminaba por ver como su identidad. Nuestra historia y experiencias pueden convertirse en las gafas a través de las cuales nos vemos a nosotros mismos.

Rara vez acertamos cuando permitimos que sean nuestras experiencias las que nos definan. No podemos evitar definirnos por nuestras fortalezas y debilidades: «Soy el portero»; «soy listo»; «soy tonto»; «me siento incluido»; «formo parte de esto»; «doy vergüenza»; «me han utilizado»; «no soy querido»; «soy un adicto»; «soy fuerte»; «soy débil». Para los que tienen éxito, los que parecen prósperos en nuestra cultura, se da la fuerte tentación de definirse a sí mismos por sus éxitos. Y aparentemente esta es la razón por la que las personas que son exitosas en un ámbito de su vida a menudo se consideran expertas también en otros ámbitos.

Tener una atracción homosexual o heterosexual puede ser parte de tu experiencia, y una parte significativa, sin duda. Pero ¿es esa tu identidad? No, la verdad que Cristo nos ha revelado deja claro que tu orientación sexual no es lo que te define en última instancia. Si nos permitimos a nosotros mismos definirnos por nuestra atracción sexual, estamos reduciéndonos y definiéndonos por algo demasiado pequeño.

2. Tienes una meta

Un último elemento que da forma a tu identidad es tu verdadera meta. Antes de la venida de Cristo, la mayoría de las personas en el mundo grecorromano creían que su meta definitiva era simplemente ir al Hades y pasar allí la eternidad. Para los judíos, influidos por el pensamiento griego, el *sheol* era un concepto similar; era la morada de los muertos. Otros incluso podrían haber creído que el individuo quedaba aniquilado con la muerte. Sin embargo, las Escrituras nos revelan que nuestra meta es más grande que todo esto. Estamos hechos para más; estamos hechos para el amor. Nuestra meta es la vida eterna con Dios en el Cielo.

Todos tenemos una meta, y esto no es lo mismo que el destino. La diferencia entre destino y meta es que el destino implica la ausencia de libre albedrío. Si estás destinado a hacer algo o ir a algún lugar, no tienes control sobre lo que sucede. La meta, por el contrario, implica que tienes un objetivo. Jesús nos ha revelado que todos tenemos un objetivo, una razón para la existencia que va más allá de esta existencia, de esta vida. Aún más: Jesús nos revela que nuestra meta es el amor. Tu destino es vivir para siempre en la casa de tu Padre.

El *Catecismo de la Iglesia católica* (CEC), citando el *Catecismo romano*, lo expresa así: «Toda la finalidad de la doctrina y de la enseñanza debe ser puesta en el amor que no acaba (Prefacio 10)» (CEC 25). Esta es la razón primordial para toda la doctrina que la Iglesia católica propone para ser creída: el amor. Siguiendo con el *Catecismo romano*, el *Catecismo* afirma que «se puede muy bien exponer lo que es preciso creer, esperar o hacer; pero sobre todo debe resaltarse que el amor de Nuestro Señor siempre prevalece, a fin de que cada uno comprenda que todo acto de virtud perfectamente cristiano no tiene otro origen que el amor, ni otro término que el amor».

Esto me recuerda una de mis historias favoritas en las Escrituras: la parábola del hijo pródigo (Lc 15,11-32). Todos estamos familiarizados con esta historia: un hombre tiene dos hijos. El menor quiere la herencia que le corresponde —para cuando muriera el padre, lo cual parece que es esperar demasiado para él—. El padre se la da y el hijo se va de casa y gasta todo lo recibido viviendo imprudentemente. Entonces sobreviene una hambruna y el hijo no tiene a nadie a quien acudir, así que se pone a trabajar con cerdos, aunque sigue pasando hambre.

El hijo, que viene de la casa de su padre, tiene un propósito. Sin embargo, se olvida de su origen y se olvida de quién es. De hecho, está tan separado de la casa de su padre, tan separado de su origen, y su estado es tan lamentable que acaba viviendo en medio de los puercos.

En la cultura judía no podía haber algo más denigrante. Se encuentra a sí mismo no solo habiendo traicionado a su padre, sino habiendo pecado y completamente separado de la comunidad de Israel, viviendo con cerdos, uno de los animales impuros. Estaba lejos de la casa de su padre y lejos de todo lo relacionado con su padre. En tal estado, el joven parece decirse a sí mismo: «Esto es lo que soy. Mi origen era la casa de mi padre, pero ya no es así. Me he inhabilitado a mí mismo. Mi historia está rota y llena de despilfarro (prodigalidad) y estupidez. ¡Mira dónde me encuentro! Estoy viviendo en medio de los puercos. No hay posibilidad alguna de que me pueda identificar a mí mismo como hijo de mi padre».

Pero ¿qué sucede? La historia avanza con el joven recobrando el sentido. Recuerdo haber leído hace años una traducción que decía «volviendo sobre sí mismo» o «recordándose a sí mismo» (cf. Lc 15,17). En ese momento, cuando el joven se ve tentado de definirse erróneamente por su historia, elige en cambio definirse de manera diferente, de acuerdo con una medida más verdadera: «¿Quién soy realmente? No soy simplemente alguien que ha abandonado a su padre. No soy simplemente alguien que se encuentra atrapado, viviendo con puercos. Estoy hecho para más que esto». Sin embargo, sabemos que su comprensión de su verdadera identidad es endeble, porque aún se ve a sí mismo como un esclavo. Dice: «Me levantaré e iré a mi padre y le diré: "Padre, he pecado contra el Cielo y contra ti; ya no merezco llamarme hijo tuyo; trátame como a uno de tus jornaleros"» (Lc 15,18-19). Se levanta y vuelve a casa.

Ya sabes cómo sigue la historia: «Cuando todavía estaba lejos, su padre lo vio y se le conmovieron las entrañas; y, echando a correr, se le echó al cuello y lo cubrió de besos» (Lc 15,20). Merece la pena señalar que, en la antigua cultura del Mediterráneo, un hombre mayor nunca habría corrido. Se habría quedado sentado con noble dignidad. Era una marca de respeto del joven al mayor y de los hijos a los padres. Habría esperado a que su desgraciado hijo llegara a donde él. Se habría quedado sentado y el hijo se habría quedado respetuosamente de pie. Pero aquí tenemos al padre, saltando de su asiento y echándose a correr hacia el hijo. Y antes de que el hijo pudiera dar su discurso ensayado para pedir perdón, su padre ya lo había abrazado, había pedido la mejor túnica, un anillo y sandalias para ponérselos al hijo. Entonces ordena que todo el personal doméstico celebre un banquete con el ternero cebado porque «este hijo mío estaba muerto y ha revivido; estaba perdido y lo hemos encontrado» (Lc 15,24).

Atento a las cuatro cosas que pide: primero, la mejor túnica; segundo, un anillo para el dedo; tercero, sandalias para los pies; cuarto, el ternero cebado. Todas estas cosas tienen significado. El padre no pide cualquier túnica que ponerle a su sucio y maloliente hijo. Pide la mejor túnica. ¿Por qué? Porque la mejor túnica la lleva solo el hijo favorito, alguien que es plenamente miembro de la familia. Luego le da un anillo. ¿Qué significa el anillo? El que lleva el anillo es señalado como un miembro de la familia y tiene la autoridad del padre. El padre está compartiendo su autoridad con su hijo perdido. Después le da a su hijo sandalias, calzado, como diciendo: «Si te quieres volver a ir, eres libre de hacerlo —no es que yo quiera que te vayas, pero si quieres volver a irte, eres libre—. No te detendré». Por último, el ternero cebado, que habla por sí solo. Y entonces, empieza la celebración.

El hijo se veía tentado de definirse por su mala conducta, por la suma de sus experiencias, pero su padre no se lo iba a permitir. Como resultado, no solo fue recibido de vuelta en la familia, sino que también se le dio un puesto aún más importante dentro de la casa de su padre. A todos se nos presenta la misma decisión cuando nos alejamos de Cristo y de la Iglesia; la decisión de si volveremos o no a «recobrar el sentido», a buscar nuestra verdadera identidad, dar la espalda a las falsas identidades y regresar a la casa del Padre, nuestro verdadero hogar. Si eres alguien que experimenta atracción por el mismo sexo, el Padre desea que recuerdes quién eres.

Puede que pienses: «Bueno, quizás seré bien recibido en la Iglesia», o «bueno, quizás... con suerte... puede que me hagan un poco de hueco en la mesa del Señor». Pero cuando llegas a casa, el Padre siempre te recibe y te restituye en su familia. ¡Cuando llegas a casa, el Padre te da la bienvenida con gran alegría!

Hace unos años, le dije a mi obispo, Mons. Paul Sirba, que iba a dar una charla sobre la homosexualidad en la Iglesia católica. Le pregunté: «¿Qué debería decir, monseñor?». Él hizo una pausa y después me miró y me dijo: «Quiero que todos los que se identifican como gais o lesbianas sepan lo profundamente amados que son. Quiero que sepan que si tuviera una parroquia en mi diócesis formada solo por católicos gais y lesbianas, apreciaría muchísimo esa parroquia».

El hijo perdido es bienvenido a casa como un miembro de la familia. Esto significa que pertenece a ella. Pertenece a la familia, a la casa de su Padre. Y si tienes atracción por el mismo sexo, tengo que dejar esto absolutamente claro: no es que seas simplemente bienvenido en la Iglesia; tú perteneces a la Iglesia. No se te da simplemente la bienvenida de vuelta a la casa del Padre; perteneces a la casa del Padre. No solo eres tolerado; eres amado.

Dios es la única entidad lo suficientemente «amplia» como para darte una verdadera identidad. Y Dios dice que es bueno que tú existas. Eres bienvenido en la casa del Padre. Un origen difícil, una historia rota o una meta olvidada no son suficientes para definir tu verdadera identidad. Cuando nos acercamos al Señor con nuestros orígenes, historias y metas rotos, Él nos redime y nos revela nuestro verdadero origen, nuestra verdadera historia, nuestra auténtica meta.

En 2002, el papa san Juan Pablo II me miró —a mí y a otro millón y medio más de católicos— y dijo: «Nosotros no somos la suma de nuestras debilidades y nuestros fracasos; somos la suma del amor del Padre a nosotros y de nuestra capacidad real de llegar a ser imagen de su Hijo»[32].

Puede que digas: «Soy un hombre gay católico», o «soy una mujer lesbiana católica». Puede que pienses que esa es tu historia, pero tu identidad es otra cosa, algo más profundo. Eres un hijo o una hija de Dios. Tu meta es vivir en Él.

---

32 JUAN PABLO II, Homilía en la XVII Jornada Mundial de la Juventud (Toronto, 28 de julio de 2002), n.º 5: https://www.vatican.va/content/john-paul-ii/es/homilies/2002/documents/hf_jp-ii_hom_20020728_xvii-wyd.html.

¿QUÉ ESTÁS BUSCANDO?

En realidad, es a Jesús a quien buscáis cuando soñáis la felicidad; es Él quien os espera cuando no os satisface nada de lo que encontráis; es Él la belleza que tanto os atrae; es Él quien os provoca con esa sed de radicalidad que no os permite dejaros llevar del conformismo; es Él quien os empuja a dejar las máscaras que falsean la vida; es Él quien os lee en el corazón las decisiones más auténticas que otros querrían sofocar. Es Jesús el que suscita en vosotros el deseo de hacer de vuestra vida algo grande, la voluntad de seguir un ideal, el rechazo a dejaros atrapar por la mediocridad, la valentía de comprometeros con humildad y perseverancia para mejoraros a vosotros mismos y a la sociedad, haciéndola más humana y fraterna.

San Juan Pablo II[33]

Estaba sentado en la oscuridad, sobre un suelo de piedra, apoyado en una pared de piedra. Justo enfrente de mí había un altar rodeado de imágenes sagradas e iconos antiguos. Las velas ardían constantemente mientras fijaba la mirada en un punto del suelo bajo el altar. En el silencio, las palabras de Jesús recorrieron mi mente: «¡Padre, a tus manos encomiendo mi espíritu!» (Lc 23,46). Estaba mirando justo al lugar del gran sacrificio de Jesús, el mismo lugar en que su Cruz estuvo clavada en el suelo, la cruz de la que colgó hasta que expiró su último aliento. Estaba en

33 Juan Pablo II, Discurso en la XV Jornada Mundial de la Juventud, Vigilia de Oración en Tor Vergata (19 de agosto de 2000), n.º 5: https://www.vatican.va/content/john-paul-ii/es/speeches/2000/jul-sep/documents/hf_jp-ii_spe_20000819_gmg-veglia.html.

la Iglesia del Santo Sepulcro, construida en Jerusalén sobre el Calvario y la tumba de Jesucristo.

La noche antes de su crucifixión, en el huerto de Getsemaní, Jesús había orado a su Padre: «Padre, si quieres, aparta de mí este cáliz; pero que no se haga mi voluntad, sino la tuya» (Lc 22,42). No mi voluntad, sino la tuya.

En el capítulo anterior, hemos visto la parábola del hijo pródigo. Cuando el hijo volvió a casa, su padre le dio la bienvenida, no como a un esclavo, sino como a un hijo amado. Esto es así para nosotros: cuando volvemos al Padre, nos da la bienvenida como sus hijos muy queridos. Independientemente de nuestra historia, independientemente de nuestras luchas presentes, independientemente de los modos en los que podamos fracasar en el futuro, el Padre nos da la bienvenida de vuelta a casa no como esclavos o invitados, sino como miembros de la familia.

Lo que no menciona la parábola es lo que sucede después de que el hijo pródigo sea bienvenido de vuelta. Lo que se espera y se da por supuesto es que, una vez en casa, el hijo, como nosotros, debería vivir como hijo o hija del Padre. Aquí hay un cierto elemento de resignación. Una de nuestras mayores tareas en la vida espiritual es estar dispuestos a aceptar el amor del Padre por nosotros. Pero eso solo es el comienzo.

Una vez que aprendemos a aceptar el amor del Padre, entonces oímos la llamada del Hijo de Dios: «Ven y sígueme» (Lc 18,22). Estás llamado a ser discípulo. Estás llamado a vivir como hijo o hija de Dios. Pero primero debes recibir el amor que el Padre te tiene.

Cuando tenía alrededor de quince años recibí uno de esos pequeños libritos verdes con el Nuevo Testamento y los Salmos que los Gedeones[34] van dando. Estaba entusiasmado por tener una Biblia propia y empecé a leerla inmediatamente. En un momento dado, llegué al capítulo 16 del evangelio según san Mateo, donde el epígrafe dice «Las condiciones del discipulado». Aquí, Jesús se pone serio acerca de lo que se espera de quien pertenece a él: «Si alguno quiere venir en pos de mí, que se niegue a sí mismo, tome su cruz y me siga» (v. 24).

Esas palabras me impactaron. Puede que solo tuviera quince años, pero esas palabras simplemente me estremecieron. Pensé: «Esto es lo que significa ser discípulo: negarme a mí mismo, tomar mi cruz y seguir a Jesús». De nuevo, seamos claros, el primer paso es aceptar la verdad de que soy amado. Pero el siguiente paso es negarme a mí mismo cuando mi voluntad entre en conflicto con la voluntad del Padre.

Esto no significa que un cristiano tenga que decir que no a todos y cada uno de los placeres o deseos. Después de todo, Dios es el que ha inventado todos los placeres que existen, y Él quiere satisfacer en toda su gloria los verdaderos deseos de nuestros corazones. Como dijo una vez C. S. Lewis: «Parece que Nuestro Señor no considera muy fuertes nuestros deseos, sino extraordinariamente débiles. Somos criaturas endebles. Nos divertimos con la bebida, el sexo y la ambición, e ignoramos el goce infinito que se nos ofrece, como niños ignorantes empeñados en seguir ha-

34 NdT: Asociación de hombres cristianos de negocios, profesionales, autónomos, militares, fuerzas de seguridad del Estado y sus esposas, dedicados a hablar a la gente acerca de Jesús a través de la asociación para el servicio, compartiendo testimonios personales y proveyendo Biblias y Nuevos Testamentos. Aunque a menudo se les reconoce por su trabajo con los hoteles, también colocan y distribuyen Escrituras en lugares estratégicos. Cf. https://gideons.es/

ciendo pasteles de barro en un lodazal por su incapacidad para imaginar lo que significa el ofrecimiento de pasar un día de fiesta en el mar. Somos muy fáciles de contentar»[35]. Pero tenemos que decir que no a nuestros deseos cuando entran en conflicto con la voluntad del Padre. A primera vista, ser discípulo puede parecer que nos aboca al dolor, que, si queremos seguir a Jesús, entonces tenemos que acostumbrarnos a una vida diciendo no. Pero ¿es esto así? ¿No hay algo más profundo? ¿No hay nada más?

Hay otro lugar en el que Jesús describe en qué consiste ser discípulo. Jesús dice: «Venid a mí todos los que estáis cansados y agobiados, y yo os aliviaré. Tomad mi yugo sobre vosotros y aprended de mí, que soy manso y humilde de corazón, y encontraréis descanso para vuestras almas. Porque mi yugo es llevadero y mi carga ligera» (Mt 11,28-30).

«Tomad mi yugo sobre vosotros y aprended de mí». ¿Qué significa esto? Como puede que sepas, un yugo es una pieza de equipamiento agrícola hecha de madera o de metal que va alrededor de los cuellos o las escápulas de las bestias de carga. Normalmente hay dos espacios en el yugo designado para sendos animales. Los dos animales colocan sus cabezas y cuellos a través del yugo para tirar de la carga juntos. Jesús comparte su yugo con nosotros; nos invita a trabajar hombro con hombro junto a Él.

Pero ¿qué significa tomar el yugo sobre nosotros? Un estudioso de las Escrituras me señaló una vez que tomar el yugo de otro sobre sí mismo significaba compartir la visión del mundo con el otro. En este caso par-

35 C.S. LEWIS, «The weight of glory», en *The weight of glory and other addresses*, rev. ed. (HarperOne; HarperCollins, Nueva York 2001) 26 [trad. esp. «El peso de la gloria», en *El diablo propone un brindis (y otros ensayos)* (Rialp, Madrid 2017) 144].

ticular, significaría compartir la misma visión del mundo que Jesús. Si alguien toma el yugo de Jesús sobre sí, estaría codo con codo con Jesús, mirando el mundo de la misma manera.

¿Cómo mira Jesús el mundo? Primero, Jesús mira el mundo como algo que ha caído y necesita redención, pero que merece la pena ser salvado. Después, sabe que los seres humanos poseen gran valor y que merece la pena morir por ellos.

Además de esta visión del mundo, también estamos llamados a ver al Padre como lo ve Jesús. Gran parte de nuestra vida podemos pasarla desconfiando del Padre. No sé cuántas veces he hablado con gente que me dice que simplemente no confía en Dios. A veces es alguien que se crio en la Iglesia, alguien que fue educado con las Escrituras, alguien que conoce todas las oraciones, alguien que iba a misa cada domingo.

Sin embargo, Jesús confiaba profundamente en su Padre, incluso cuando se enfrentaba a la tortura y a la muerte inminentes. Así pues, en el huerto de Getsemaní, rezaba: «Padre mío, si este cáliz no puede pasar sin que yo lo beba, hágase tu voluntad» (Mt 26,39). Uno de los mensajes más importantes que Jesús nos comunicó es que podemos confiar en nuestro Padre del Cielo. Y, sin embargo, una de nuestras mayores dificultades sigue siendo confiar en Dios.

Recuerda el comienzo de la historia de la Caída en el libro del Génesis (3,1-24). Adán y Eva están en el Jardín. Dios se les ha revelado como Padre. Los ha creado, se ha preocupado por ellos, los ha alimentado, les ha invitado a vivir con Él. Pero la serpiente llega al Jardín y se dedica a poner a prueba la confianza de Eva en el Padre. La serpiente no cuestiona la creencia de Eva en la existencia de

Dios, sino su obediencia a Él. ¿Confía Eva en que Dios solo quiere lo mejor para ella cuando le está prohibiendo comer del fruto del árbol del conocimiento del bien y del mal, no sea que fuera a morir? Satán dice: «No, no moriréis; es que Dios sabe que el día en que comáis de él, se os abrirán los ojos, y seréis como Dios en el conocimiento del bien y del mal» (vv. 4-5), queriendo decir: «Dios no quiere que seáis como Él; Dios no quiere vuestro bien. No es vuestro Padre». Así que Eva —y después Adán— cae en esta tentación de dudar de la paternidad de Dios. Tomando el fruto, rechaza obedecer al Dios que solo le ha mostrado amor y generosidad. Y desde el momento de esta Caída, a todos nos cuesta confiar en Dios con obediencia amorosa.

Una historia que demuestra cómo podemos confiar en el Padre es la historia de Abrahán, a quien Dios ordenó ofrecer a su hijo Isaac en sacrificio (Gén 22,1-18). Muchas personas, cuando leen esta historia, piensan: «¡Esto es una locura total! ¿Por qué iba Dios a pedirle a un padre que sacrificara a uno de sus hijos?». De hecho, esta es la idea que se transmite en la reciente miniserie de televisión *La Biblia*. En esa serie, cuando Dios le dice a Abrahán que sacrifique a Isaac, Abrahán obedece con gran reticencia e incluso se queja: «¡No!... ¡no!». Isaac aparece como una víctima ingenua y poco dispuesta, cuando su padre lo arrastra hasta la cima de la montaña, lo ata y se dispone a sacrificarlo.

Mientras tanto, abajo en el campamento, Sara (la mujer de Abrahán y madre de Isaac) ata cabos y se da cuenta de lo que está pasando. Enseguida, sale a la carrera hacia el pie de la montaña donde está teniendo lugar el sacrificio, aparentemente para impedir que su enloquecido marido mate a su hijo.

En la miniserie, cuando Sara ve a Abrahán bajando de la montaña (pero no puede ver a Isaac), está visiblemente afligida y solloza. Pero entonces, como Isaac ha sido salvado (por Dios) en el lugar del sacrificio, Sara lo ve aparecer detrás de su padre. Entonces viene un momento clave. Sara llama a su niño, que mira hacia arriba y comienza a correr hacia ella. Abrahán alarga el brazo para sujetar a su hijo, pero Isaac se sacude la mano de su padre (¡después de todo, está loco y casi lo acaba de matar!) y huye corriendo del padre hacia Sara.

El mensaje de esta escena (tal y como fue filmada y editada para la serie de televisión) era, esencialmente: «No puedes confiar en tu Padre». Pero esto es lo contrario de lo que transmite la historia en la Biblia. De hecho, la historia muestra a un hijo y un padre que confían profundamente el uno en el otro y trabajan juntos. En el momento del sacrificio de Isaac, Abrahán tenía más de cien años. No era un hombre fuerte e Isaac no era un niño pequeño. La Escritura nos cuenta que era lo suficientemente fuerte como para llevar la leña para el sacrificio. Pues bien, esto iba a ser una ofrenda por cremación, lo que se conoce en la tradición judía como un holocausto. Aparentemente, Isaac era lo bastante fuerte como para cargar suficiente madera para quemar un cuerpo humano. Esto significa que tendría que haber sido un joven fuerte, mientras que Abrahán era un anciano débil.

¿Por qué esta distinción es importante? Significa que cuando Abrahán venda los ojos de Isaac y lo pone sobre el altar, no está imponiéndose por la fuerza a Isaac. Isaac no es ingenuo ni reticente; por el contrario, está cooperando con Abrahán. Esta es la historia de Isaac, el hijo que confía en Abrahán, su padre. Prefigura el sacrificio de Jesús en el Calvario. Ambas historias van de un hijo que confía en el padre. Para tener fe, debes confiar en el otro. Dicho de otro modo, tener fe es someterse por amor al otro.

Todos estamos llamados a someternos por amor al Padre. Jesús nos dice a todos: «Venid a mí [...]. Tomad mi yugo sobre vosotros y aprended de mí» (Mt 11,29). Estamos llamados a aprender que podemos confiar en el Padre.

Todos nos peleamos con la confianza en ocasiones. Las personas que se han criado en la Iglesia oyen hablar a menudo de reglas antes de experimentar una relación real con Dios. Por esta razón, pueden llegar a ver a Dios más como un tirano que como un Padre. Pienso que hay demasiados católicos que están familiarizados con las directrices morales dadas por Dios, pero que nunca han conocido al Dios que las da. Pienso que hay demasiados católicos que nunca se han encontrado con un Dios de amor, cuyos mandamientos y preceptos, todos, nos conducen a una vida de amor. Como resultado, su idea de Dios es demasiado pequeña. Pero el conjunto de las Escrituras nos enseña a ver a Dios como un Padre amoroso y digno de confianza; un Padre que desea que vivamos en su hogar y en su corazón.

¿Qué tiene que ver eso con nosotros en este momento? En primer lugar, date cuenta de que podemos confiar en el Padre, y, en segundo lugar, date cuenta de que estamos llamados a seguir al Hijo, a decir sí al amor. Confiar en el Padre significa que entendemos que Él es el único que sabe quiénes somos de verdad, y que todas las directrices que nos ha dado nos llevan a nuestra verdadera identidad. Parte de lo que conlleva seguir al Hijo —y decirle sí al amor— es hacer el camino con Jesús, que nos muestra el sendero que nos llevará a nuestro verdadero yo; y esto implica decir no a ciertas cosas.

1. Vive como si este fuera tu hogar

¿Qué implica dejar que Dios sea el Señor de tu vida? Como hemos visto antes, cuando el hijo perdido volvió a casa, tenía una elección: o bien vivir en casa como un esclavo, o vivir como un hijo. No obstante, si decidía vivir en la casa de su padre, tenía que vivir como parte de la familia. Lo mismo podemos decir de nosotros: podemos vivir en la Iglesia rechazando su enseñanza, o podemos vivir en la Iglesia y acoger su enseñanza. Esta última opción nos lleva a la acogida, tanto por parte de la Iglesia —y del Padre— como por parte de nosotros mismos.

Los cristianos afirmamos cosas como «¡Jesús es el Señor!». Pero ¿qué significa eso? No hay duda de que una parte central de esta afirmación se refiere a la identidad particular de Jesús de Nazaret: Él es el Señor del Cielo y de la Tierra. Eso es un hecho objetivo. En un sentido práctico y personal, significa que nosotros lo reconocemos como el verdadero capitán de nuestras vidas, vamos a donde Él nos dirija. Se convierte en nuestro verdadero pastor; vamos cuando nos llama por nuestro nombre. Si seguimos a Jesús como el verdadero Señor de nuestra vida, entonces debemos responder en consecuencia cuando nos llame a hacer algo o a no hacer algo.

Antes de la parábola del hijo pródigo (Lc 15,11-32), viene la parábola de la oveja perdida (Lc 15,1-7). Esta es la historia de un buen pastor que deja las noventa y nueve ovejas para buscar y recuperar la única oveja que se había perdido —o escapado—. Jesús dice: «Cuando [el pastor] la encuentra [la oveja], se la carga sobre los hombros, muy contento» (Lc 15,5). Si has estado perdido y has dejado que Jesús te encuentre, entonces deberías saber que Él desea ponerte sobre sus hombros y cargar contigo a casa muy contento. Así que, ¿por qué no le dejas que te encuentre?

2. Excepcionalismo

En 2011, un amigo mío, Andrew, tuvo que ir a un centro de rehabilitación por su alcoholismo. El centro tenía una sala de ejercicio y un cartel indicaba claramente que el equipo de cardio solo podía usarse en sesiones de veinte minutos por persona. Pues bien, Andrew es muy intenso y está muy en forma, así que sabía que veinte minutos no le iban a bastar. Pensó para sí mismo: «Veinte minutos puede estar bien para la mayoría, pero la mayoría no compite en triatlones de *ironman*. Yo soy la excepción a la regla». Un día, otro paciente se acercó a él y le dijo: «Oye, tío, ¿no has visto el cartel que dice que solo se puede usar el equipo veinte minutos por persona?». Andrew se irritó y empezó a decir: «Sí, pero...». El otro le interrumpió y dijo: «Entonces, ¿por qué vas a ser tú la excepción a la regla?».

En aquel momento, Andrew se dio cuenta de que no se trataba solo de usar la cinta de correr. Se dio cuenta de que había definido su vida con «ser la excepción a la regla». Siempre había visto sus asuntos como diferentes de los de todos los demás. Por eso, las reglas nunca parecían hechas para él. Siempre tenía una razón para ser la excepción.

He descubierto que la experiencia de la orientación sexual puede ser una fuente de excepcionalismo muy potente. Escucho a menudo a gente que me dice: «Bueno, sí, sé que tengo que seguir a Jesús. Sé que Él debe ser el Señor de mi vida. Pero es que yo experimento esta atracción, y por lo tanto estoy exento de seguir el mandato de Cristo a la castidad. Como experimento esto, soy la excepción a la regla».

Todos tenemos esta tendencia a buscar una exención. Todos tenemos la tentación de justificarnos a nosotros mismos o de pasar por alto las normas en nuestro caso, a menudo reescribiendo nuestras propias historias. «Eso no se puede aplicar a mi caso, porque mi historia es distinta». Es verdad: todos somos únicos, pero aquello a lo que todos estamos llamados es universal. Todos estamos llamados a amar en libertad y verdad, y a ser testigos de un amor verdadero y potente. No hay nadie a quien Jesús no llame. Y ¿cuál es esa llamada? Amar al Señor con todo el corazón y con toda el alma, y ser amados por Él.

Algunos cristianos han caído en la trampa de pensar que esto simplemente significa represión. El cristianismo es solo un «niégate a ti mismo». El discipulado es meramente decir no. Sin embargo, esto tiene que dejarse rotundamente claro: seguir a Cristo es decir sí a algo. Un discípulo dice sí a Alguien que da vida y amor. Amar no merece la pena si no hay renuncia de por medio. Considera a alguien que está comprometido con otra persona. Para que él (o ella) diga que sí con toda su vida, ya sea ese sí a su cónyuge, a su padre, a su hijo, o a un amigo, significa que tiene que ser capaz de decirse a sí mismo que no a veces. Las personas que se casan están diciendo que no a millones de posibles parejas. Pero la razón es todo menos negativa: es porque hay un sí descomunal que está ocupando sus pensamientos.

A veces mis cuñados me maravillan. Me asombra su habilidad para negarse a sí mismos por amor a sus hijos y sus esposas. Puedo ver cómo a menudo están exhaustos y les encantaría descansar: pero para decir sí a sus esposas e hijos, se dicen no a sí mismos. Esto no es represión;

comprenden que cuando se dicen no a sí mismos, están diciendo sí a algo mucho más importante.

En nuestra cultura hay muchos que creen que solo tenemos dos opciones en cuanto a nuestros deseos sexuales: o bien los reprimimos, ignorándolos por completo y fingiendo que no están ahí hasta que estallan, o bien nos entregamos a ellos. Ninguna de estas dos opciones es el camino adecuado para la santidad. Ninguna es camino para la felicidad. La elección del cristiano es decir que sí a un amor más grande. El papa Benedicto llamó a esta opción «el camino de la renuncia»[36], aunque también podríamos llamarlo el camino del sometimiento.

En el siglo XVI, había un joven que se llamaba Íñigo. Creció en el norte de España, cerca de la costa. Como vasco, pueblo conocido por su valentía y habilidad para la lucha, deseaba con todo su corazón ser uno de los grandes héroes de España. Deseaba la gloria; deseaba ser noble y valiente en la batalla para que todos pudieran conocer su nombre en su país. Movido por este deseo, Íñigo era enérgico y valiente en la batalla. Llegado el momento, sin embargo, fue alcanzado en la pierna por una bala de cañón, que le destrozó el fémur. Mientras se recuperaba, lo único en lo que pensaba era en recuperar la salud y volver a la batalla, para volver a ganarse un nombre. Pero Dios tenía otros planes para este hombre fogoso y apasionado.

A Íñigo le encantaba leer historias de caballería, valor y valentía. Desafortunadamente, debió de pensar, la casa en la que estaba convaleciente solo tenía dos libros a su disposición. Uno era sobre las vidas de los santos y el otro sobre

36 Benedicto XVI, carta encíclica *Deus caritas est* (25 de diciembre de 2005), n.º 5: https://www.vatican.va/content/benedict-xvi/es/encyclicals/documents/hf_ben-xvi_enc_20051225_deus-caritas-est.html.

la vida de Cristo. Según comenzaba a leer estos libros, su corazón ardía en llamas. Había crecido en un mundo cristiano y conocía a los santos, pero mientras yacía allí curándose, se dio cuenta de que había estado luchando por un premio demasiado pequeño. Había estado luchando para hacerse un nombre, mientras que Jesucristo le estaba llamando a entregar su vida a la voluntad del Padre. Dios estaba llamando a Íñigo a someter y situar su vida bajo el pastoreo, el señorío, el generalato de Cristo. Le estaba llamando a rendirse.

Este sometimiento no es lo mismo que suspender o rechazar nuestra propia capacidad de razonar o las propias fuerzas. Al contrario, el sometimiento cristiano consiste en poner todo el intelecto, toda la fuerza, todo el corazón y todos los deseos que uno tiene al servicio de Otro. Someterse es ponerse completamente, incluyendo todas las capacidades que uno tenga, a disposición de Dios.

Íñigo partía desde un deseo de su propia gloria personal, pero terminó sometiendo su vida a Dios. Al hacer esto, Jesús reformó y transformó su deseo. El deseo de Íñigo por su gloria personal se convirtió en un deseo por la gloria de Dios. De hecho, cuando san Ignacio de Loyola, como llegó a ser conocido, fundó la Compañía de Jesús —los Jesuitas—, su lema fue «Ad maiorem Dei gloriam» («Para mayor gloria de Dios»). Para san Ignacio, el sometimiento no significaba que él dejara de ser él mismo. Someterse no era una mera represión de sus deseos. Por el contrario, someterse significaba que sus deseos se veían transformados bajo el señorío de Jesucristo. Por medio de este sometimiento, sus deseos se amplificaron y perfeccionaron.

Lo mismo puede suceder con nuestros deseos sexuales. Todos tenemos deseos sexuales distintos. Algunos son sanos y otros, no tanto. Pero si los entregamos al señorío de Jesús, también pueden ser perfeccionados y transformados.

Hablando con algunos amigos míos que se identifican como gay o lesbiana, les he oído decir: «A ver, es que no hay nadie como yo en la Iglesia». Yo les decía que puede que tuvieran razón. Es muy posible que no haya nadie como ellos en la Iglesia y quizás eso es precisamente una señal de que la Iglesia los necesita. Jesús desea que cojamos su yugo y lo sigamos, no porque la Iglesia necesite a personas que cambien las doctrinas desde dentro, sino porque la Iglesia necesita santos. La Iglesia necesita a gente que esté dispuesta a dejar que su mente se transforme, gente como los amigos que mencionaba antes, que permita que sus vidas se transformen y que, de esta manera, puedan ayudar a otros. Jesús no llama a nadie a que viva en la represión o en la gratificación de sus deseos. Por el contrario, Jesús nos llama a todos a ir por el camino angosto hacia nuestra verdadera identidad, un camino en el que Él camina con nosotros hombro con hombro.

LA ATRACCIÓN POR EL MISMO SEXO Y LA IGLESIA

«¿Te plantearías casarte conmigo?». Alan, el joven que se acababa de declarar, miró a los ojos de una de sus mejores amigas, una chica llamada Joan. Era el año 1941, y los dos estaban trabajando en un proyecto secreto del Gobierno en Bletchley Park, Inglaterra. Sorprendida, Joan miró a Alan a los ojos mientras él la miraba fijamente bajo su pelo castaño bien perfilado; y ella le dijo que sí de inmediato.

Alan Turing era matemático, un genio y experto en informática contratado por el Gobierno británico para diseñar una máquina para descifrar códigos. Su historia se hizo popular con la película *Descifrando Enigma*, protagonizada por Benedict Cumberbatch como Alan Turing y Keira Knightley como su prometida Joan Clarke. El día después de pedirle la mano, mientras estaban dando un paseo tras el almuerzo, Alan se dirigió a Joan y le dijo: «Supongo que deberías saber que... tengo... tendencias homosexuales».

Aunque Alan Turing y Joan Clarke eran parte del equipo responsable de desarrollar la máquina para descifrar códigos conocida como Christopher, su propio país no los reconoció como héroes. De hecho, la historia de Turing únicamente se dio a conocer cuando, en 1952, fue arrestado por las autoridades británicas y juzgado por indecencia por sus relaciones homosexuales con un hombre llamado Arnold Murray. Las consecuencias de encontrarle culpable fueron devastadoras para Turing. A la edad de treinta y nueve años, fue sometido a una castración química mediante inyecciones de estrógenos, que le llevaron a experimentar otros efectos secundarios. Un año después, más o menos, de que terminara su tratamiento hormonal, el 7 de junio de 1954, Turing se suicidó. Estando solo en su apartamento comió la mitad de una manzana en la que había inyectado cianuro. Lo trágico de la historia de Turing es que no es algo excepcional. Según el FBI, en el año 2013 alrededor de un 20 % de los crímenes de odio en los Estados Unidos tenían como fundamento una presunta orientación sexual[37]. Esto coloca la violencia de odio contra los homosexuales como el segundo crimen más común relacionado con el odio (por detrás de los crímenes raciales y por delante de los religiosos). Además, «los jóvenes pertenecientes a minorías sexuales están entre los que tienen más tendencias suicidas (pensamientos suicidas, planes de suicidio e incluso intentos)»[38].

La Iglesia Católica se preocupa de la seguridad y del cuidado de todos, sin importar qué estén experimentando o por qué, aunque algunos puedan decir que lo que diga la Iglesia respecto al tema es un poco hipócrita.

En la primavera del año 2002, me estaba preparando para mi ordenación de diácono en la Iglesia católica. En los Estados Unidos, esa primavera se conoce como la Larga Cuaresma, cuando surgieron noticias sobre alegaciones y pruebas de conductas sexuales inapropiadas con menores —por parte de sacerdotes, y el posterior encubrimiento de dichas conductas por algunos obispos católicos—. Parecía que a todas partes donde me volvía había más y más historias de sacerdotes que habían abusado de niños, y de autoridades eclesiásticas que hacían muy poco o nada para

---

37 Federal Bureau of Investigation, «Hate crime statistics» (2013): https://ucr.fbi.gov/hate-crime/2013/topic-pages/incidents-and-offenses/incidentsandoffenses_final.

38 Stephen T. Russel, «Sexual minority youth and suicide risk»: *American Behavioral Scientist* 46, n.º 9 (mayo 2003) 1241.

pararlos. A la luz de estos casos, podría parecer hipócrita lo que la Iglesia enseña sobre el sexo. Puedo entender que las terribles decisiones que tomó un pequeño grupo de sacerdotes y obispos anteriores a mí puedan invalidar lo que la Iglesia diga sobre cualquier tema moral, pero pido sensatez y madurez a este respecto. Esos crímenes se hicieron *a pesar de* y *contra* la enseñanza de la Iglesia sobre la dignidad y la sexualidad humanas.

Lo cierto es que, a pesar de la impresión que tengas a raíz de los medios de comunicación, no todos los dirigentes de la Iglesia son un fracaso o unos hipócritas, aunque ninguno de nosotros sea perfecto. La Iglesia nos señala a Cristo, que es la respuesta de todo problema que tenga el mundo y el cumplimiento de todo deseo genuinamente humano: lo ganamos todo y no perdemos nada excepto el miedo y la muerte si nos hacemos discípulos suyos. Sí, hay muchas personas en la Iglesia que niegan o traicionan a Jesús, una forma de actuar tan antigua que se remonta a Judas. Pero Jesús predijo esto mismo. No deberíamos dejar que eso nos distancie de las luminosas verdades del Evangelio, verdades que valen más que todo lo que podamos tener. Es más, si la Iglesia estuviera llena solo de gente perfecta, no se nos permitiría entrar.

Un año antes de su muerte en 1321, Dante Alighieri completó su obra maestra, la *Divina comedia*. En ella hay varios guías que sacan a Dante del Infierno, lo llevan por el Purgatorio para entrar en el Paraíso. La mayoría de los lectores se quedan en el *Infierno* o en el *Purgatorio*, los dos primeros libros de la *Divina comedia*, y no leen el *Paraíso* (lo cual puede que nos revele algo sobre nuestra preocupación por el pecado por encima de la gracia; pero eso es tema aparte). El *Infierno* describe los nueve círculos del mismo; cada círculo está asociado a un pecado mortal diferente. Mientras más se baje en el Infierno, más graves son los pecados. El pecado de traición y cobardía está en el círculo más profundo, oscuro y frío del Infierno, donde vive Lucifer. El círculo anterior es el fraude. El séptimo círculo es la violencia; el sexto, la herejía; el quinto, la ira; el cuarto, la avaricia; el tercero, la gula. El segundo círculo de la parte superior es el de la lujuria. Al representar el Infierno como un pozo con círculos descendentes para los pecados más graves, Dante retrata con precisión algo que es muy importante: aunque los pecados de lujuria son mortales, hay otros más mortales aún. Por ejemplo, el pecado de orgullo, que le impide a alguien permitir que la misericordia de Dios perdone y sane su alma, se considera un pecado más mortal.

En su libro *Mero cristianismo*, C. S. Lewis escribe:

> Finalmente, aunque he tenido que referirme con cierta extensión al sexo, quiero dejar lo más claro posible que el centro de la moral cristiana no está aquí. Si alguien piensa que los cristianos miran la falta de castidad como el vicio supremo, está completamente equivocado. Los pecados de la carne son malos, pero son los menos malos de todos los pecados. Todos los peores placeres son puramente espirituales: el placer de hacer parecer culpables a otras personas, de mangonear y tratar con aire condescendiente y ser un aguafiestas, de calumniar; los placeres del poder, del odio. Porque hay dos cosas dentro de mí compitiendo con el ser humano en que debo intentar transformarme. Son el ser animal y el ser diabólico. El ser diabólico es el peor de los dos. Por ello, el santurrón frío y presuntuoso que va regularmente a la iglesia puede estar mucho más cerca del Infierno que una prostituta. Pero,

por supuesto, es mejor no ser ninguno de los dos[39].

Lejos de estar obsesionada con el sexo, la Iglesia católica enseña que hay pecados más graves que se pueden cometer. Aun así, todo el mundo está llamado a la castidad, es decir, todo el mundo está llamado a amar bien y a amar en verdad. En el *Catecismo de la Iglesia católica* (CEC), se expresa esta idea de la siguiente forma:

> La caridad es la forma de todas las virtudes. Bajo su influencia, la castidad aparece como una escuela de donación de la persona. El dominio de sí está ordenado al don de sí mismo. La castidad conduce al que la practica a ser ante el prójimo un testigo de la fidelidad y de la ternura de Dios. La virtud de la castidad se desarrolla en la *amistad* (2346-7, cursiva en el original).

«Bajo su influencia, la castidad aparece como una escuela de donación de la persona». El amor es hacer de uno mismo un regalo, es querer el bien del otro. «El dominio de sí está ordenado al don de sí mismo», es decir, si no puedo hacer lo que quiero, si no puedo hacer aquello que sé que debo hacer o si no me hago cargo de mí mismo, no soy libre. Si quiero amar en libertad, tengo que aprender cómo. Esto significa que la castidad no es un fin en sí mismo, sino que nos permite amar mejor y volvernos mejores testigos del amor de Dios al mundo.

Y, aún así, la castidad es la virtud menos popular de todas. En palabras de Lewis:

39 C. S. LEWIS, *Mere christianity* (Nueva York 2009) 132 [trad. esp. *Mero cristianismo* (Rialp, Madrid 2017)].

> La castidad es la menos popular de las virtudes cristianas. No hay forma de escapar de ella: la norma cristiana es «o matrimonio, con completa fidelidad a la pareja, o total abstinencia». Y esto es tan difícil y tan contrario a nuestros instintos, que obviamente o el cristianismo está mal, o nuestro instinto sexual, tal como es ahora, se ha maleado. Uno u otro. Por supuesto, siendo cristiano, pienso que es el instinto el que se ha maleado[40].

Aquí Lewis está señalando que el deseo sexual no es malo. De hecho, como *eros*, está orientado a sacarnos de nosotros mismos. Por desgracia, el deseo sexual «maleado» no nos saca de nosotros mismos para convertirnos en un don de nosotros mismos, sino que a menudo nos lleva a replegarnos y a usar a los demás para nuestro propio placer egoísta.

La homosexualidad no es algo nuevo en la Iglesia católica. Desde su comienzo, la Iglesia ha contado con hermanos en Cristo que experimentan deseos homosexuales. Mira a san Pablo cuando contempla su comunidad de creyentes de la ciudad de Corinto (que sería la versión de Las Vegas, Nueva York y Ámsterdam, todas juntas, en el siglo I). «Vivir como un corintio» era un insulto común, que significaba que alguien estaba dispuesto a hacer prácticamente lo que sea en relación con la lujuria. San Pablo les reveló su gran dignidad y su gran llamada. Les contó la verdad de su origen, su historia y su destino. Sin lugar a dudas, muchos tenían pasados escabrosos, llenos de heridas, y muchos estaban heridos en ese mismo momento, llevando varias cargas. Conocía a estos hombres y mujeres bien, al igual que sus luchas y sus experiencias. Por eso,

40 *Ibid*, p. 127.

escribió a sus queridos hermanos en Corinto las siguientes palabras:

> ¿No sabéis que ningún malhechor heredará el reino de Dios? No os hagáis ilusiones: los inmorales, idólatras, adúlteros, lujuriosos, invertidos, ladrones, codiciosos, borrachos, difamadores o estafadores no heredarán el reino de Dios. Así erais algunos antes. Pero fuisteis lavados, santificados, justificados en el nombre del Señor Jesucristo y en el Espíritu de nuestro Dios (1 Cor 6,9-11).

Parémonos un momento en esto último. San Pablo hace una lista de pecados que habían cometido algunos de la Iglesia de Corinto. ¿Qué pecados? ¿Solo los sexuales? Bueno, conocía a esos tipos (y conocía Corinto), así que claro que esos pecados sexuales están en la lista. La mitad de ellos están relacionados con el sexo. Sin embargo, la otra mitad no tiene nada que ver con ello, tales como el robo, la codicia, el beber en exceso y el chismorreo. Desde luego que san Pablo no está obsesionado con el sexo.

San Pablo está recordando a los corintios que han cometido esos pecados, que su pasado o sus pecados no los definen, porque han sido limpiados en el sacramento del bautismo. Les recuerda que no deberían permitir que esas cosas pasadas les definan, ya que han sido hechos nuevos mediante su relación con Cristo.

La enseñanza de la Iglesia sobre la sexualidad se suele malinterpretar. En el *Catecismo de la Iglesia católica*, que es un sumario de la enseñanza oficial de la Iglesia, solo hay tres párrafos cortos sobre la homosexualidad. Todos ellos están conectados con la exhaustiva enseñanza de la Iglesia de que todo ser humano tiene dignidad. Entonces, ¿qué enseña la Iglesia en realidad?

Lo primero, define la homosexualidad así: «La homosexualidad designa las relaciones entre hombres o mujeres que experimentan una atracción sexual, exclusiva o predominante, hacia personas del mismo sexo» (CEC 2357). En la siguiente frase nos dice: «[La homosexualidad] reviste formas muy variadas a través de los siglos y las culturas.

En la frase anterior, podemos ver claramente que la Iglesia reconoce que la homosexualidad no es nada nuevo. De hecho, se menciona en el primer libro de la Biblia, el Génesis, en la historia de Sodoma y Gomorra (Gén 19,1-29).

Posteriormente, el *Catecismo* señala: «Su origen psíquico permanece en gran medida inexplicado» (CEC 2357).

Cuando se trata el tema de si la atracción hacia el mismo sexo es resultado de la naturaleza o de la crianza, o una combinación de ambas, la Iglesia, sabiamente, se abstiene de determinar su origen. Esto se debe en parte a que la investigación actual sobre este tema no es concluyente. Pero, sobre todo, se debe a que la principal preocupación de la Iglesia, tanto en la sexualidad como en cualquier otro ámbito, es presentar la forma de amar de Cristo actuando en todos sus miembros. De nuevo, es una cuestión de cómo se determina nuestra identidad. La Iglesia entiende que nuestra identidad es la de hijos de Dios, sin importar las circunstancias o las experiencias que hayamos tenido. Esa identidad es liberadora para todos nosotros y nos llama a actuar desde el amor.

A continuación, la Iglesia afirma que:

> Apoyándose en la Sagrada Escritura, que los presenta como depravaciones graves (cf. Gén 19,1-29; Rom 1,24-27; 1 Cor 6,10; 1 Tim 1,10), la Tradición ha declarado siempre que «los actos homosexuales son in-

trínsecamente desordenados» (Congregación para la Doctrina de la Fe, Decl. *Persona humana*, 8). Son contrarios a la ley natural. Cierran el acto sexual al don de la vida (CEC 2357).

Los términos *desordenados* y *depravaciones graves* pueden sonar bastante duros, pero es importante recordar que estos términos se utilizan para describir el acto en sí; no son una descripción de la persona.

El amor, cuando está bien ordenado, quiere el bien del otro, pero cuando está mal ordenado, el amor persigue su propio deseo egoísta. Dicho en otras palabras, todos estamos hechos para la verdad al igual que para el amor y, sin embargo, todos experimentamos el deseo desordenado de mentir. Todos estamos llamados a honrar a los demás, pero cuando tenemos la tentación de chismorrear sobre otra persona, experimentamos un deseo desordenado.

Sigue diciendo: «[Los actos homosexuales] no proceden de una verdadera complementariedad afectiva y sexual» (CIC 2357).

La Iglesia se remonta a la ley natural. Al considerar la naturaleza de las cosas (incluso de la biología básica), la Iglesia afirma que los actos homosexuales entre hombres o entre mujeres no reflejan la complementariedad que implica la sexualidad humana, como el vínculo biológico e incluso afectivo entre el hombre y la mujer; en cambio, estos actos frustran el cumplimiento de los fines intrínsecos del acto sexual, su *para-lo-que-es*.

El *Catecismo* sigue explicando: «[Los actos] no pueden recibir aprobación en ningún caso» (CEC 2357). Y también: «Un número apreciable de hombres y mujeres presentan tendencias homosexuales profundamente arraigadas» (CEC 2358).

La Iglesia insiste aquí en que no importa cuántas personas se sientan atraídas por el mismo sexo: no debemos ignorarlas. Nuestras iglesias, ciudades y familias también incluyen a hombres y mujeres que experimentan atracción por el mismo sexo y tenemos que ser conscientes de eso.

A veces pasa que algunos cambian su opinión sobre las enseñanzas de la Iglesia acerca de los actos homosexuales porque un amigo suyo o un familiar se identifica como gay o lesbiana. Eso me llama muchísimo la atención. Cuando alguien me dice que su parecer ha cambiado por ese motivo, me entran ganas de preguntarle: «¿Cómo?, ¿en qué aspecto?, ¿por qué?». Si me responde que ahora es más amable con aquella persona que ha salido del armario, me entra la curiosidad de saber cómo la trataba antes. ¿Le desagradaba antes esa persona? Me alegra que cambien las posturas negativas, pero se vuelve algo problemático si el que cambia de parecer empieza a pensar que los actos homosexuales ya no están mal.

Hay varios problemas con este cambio de opinión. En primer lugar, es un poco superficial: solo porque alguien que quieres vaya a hacer algo malo, ¿dirías que está bien? ¿Te has parado a pensar en esto seriamente?

En segundo lugar, es muy superficial. En serio. Si mi pariente o mi amigo quiere actuar de una forma determinada, ¿debería estar dispuesto a abandonar mi fe para mostrarle mi apoyo? ¿Soy un verdadero creyente si estoy dispuesto a invalidar los principios de mi fe solo porque alguien a quien quiero o conozco ignore esos principios? El *Catecismo* dice algo muy importante al respecto: «Esta inclinación, objetivamente desordenada, constituye para la mayoría de ellos una auténtica prueba» (CEC 2358).

Recuerdo que una vez estuve hablando con un joven que hacía poco se había declarado gay. A lo largo de nuestra conversación, dejó muy claro que, si fuera por él, no se sentiría atraído por el mismo sexo. Me dijo: «¿Crees que he elegido ser gay?». «Por supuesto que no —le respondí—. ¿Crees que yo pienso eso?». Me miró directamente a los ojos y dijo: «Yo nunca elegiría esto para mí».

Muchos de los hombres y mujeres homosexuales que conozco se sienten igual que el joven anterior: sentirse atraído por el mismo sexo es sentir una carga y una prueba. Al mismo tiempo, hay quienes aparentemente hacen alarde de su homosexualidad como lo mejor que les ha pasado. Lo ven como una parte de su identidad, por la que le dan gracias a Dios. Sin embargo, incluso estos hombres y mujeres, y yo conozco a muchos de ellos, admiten que su homosexualidad ha sido una prueba en muchos periodos de su vida.

«Deben ser acogidos con respeto, compasión y delicadeza. Se evitará, respecto a ellos, todo signo de discriminación injusta» (CEC 2358). Algunos pueden pensar que las enseñanzas de la Iglesia sobre la homosexualidad llevan a la discriminación y a la violencia contra nuestros hermanos. Sin embargo, ¿cuál es la enseñanza oficial de la Iglesia? No es que debamos solo respetar a todos; sino que la Iglesia enseña que debemos aceptar a las personas homosexuales con respeto, compasión y sensibilidad. La Iglesia ordena que aceptemos a los hombres y mujeres que sienten atracción por el mismo sexo. La Iglesia quiere dejar claro, y de forma precisa, que está del lado de todo individuo.

Las personas homosexuales «están llamadas a realizar la voluntad de Dios en su vida, y, si son cristianas, a unir al sacrificio de la cruz del Señor las dificultades que pueden encontrar a causa de su condición» (CEC 2358).

¿Qué significa unir al sacrificio de la cruz del Señor sus dificultades?

Cuando alguien está pasando por un momento de dolor, a menudo no hay argumentos o explicaciones que ayuden a encontrarle sentido a ese sufrimiento. Normalmente solo hay dolor.

No quiero desdeñar la realidad con nada de lo que escribo aquí; no hay una respuesta sencilla al problema del sufrimiento humano. De hecho, el *Catecismo* establece que no hay nada en la historia cristiana que no sea una respuesta, en parte, al problema del mal (CEC 309), problema que incluye el dolor humano.

No obstante, hay algunos principios que nos enseñó Cristo que nos pueden ayudar a afrontar dicho dolor. Independientemente de nuestras circunstancias, todos debemos aprender estos principios porque todos experimentaremos el dolor y el sufrimiento. Si no sabemos por qué o dónde encaja Dios en todo eso, no solo podríamos caer en la trampa de permitirle a nuestro dolor que abra una brecha entre nosotros y Dios, sino que también nos perderemos el poder que hay en el sufrimiento.

Lo primero de todo es que debemos comprender que Dios no quiere el sufrimiento directamente. Él no creó el mal y no puede querer el mal. Es más, el mal no se considera una «cosa» o un tipo de ser.

Esto no es algo secundario e insignificante. Dios solo quiere el bien. Entonces, ¿qué es el mal? El mal es la ausencia de un bien o la distorsión de un bien. Por ejemplo, el mal físico de la ceguera no es algo en sí; es la falta de una cosa buena (la vista). De la misma forma, la gula es la distorsión o el desorden de una cosa buena (comer).

En el momento en que Dios creó un mundo exterior a Él y creó seres con libre albedrío, permitió la posibilidad de que esos seres libres pudieran escoger el mal. Dios nunca quiere el mal directamente, pero lo permite porque premia la libertad y lo que unos seres que eligen en libertad puedan llegar a ser si deciden actuar a favor del objetivo o fin adecuado, que es lo que satisface de veras su naturaleza humana.

Por desgracia, a veces estos seres libres prefieren usar mal la libertad. Los abusos y fechorías de unos engañan e hieren a otros. Otras veces, simplemente no sabemos el porqué del mal que afrontamos o el sufrimiento que experimentamos.

Entiendo que esta respuesta no mejore las cosas. Seguimos sufriendo y el mal sigue aconteciendo. Podría surgir la pregunta: «¿Qué importa si Dios lo quiso directamente o solo lo permitió?».

Por un lado, nos recuerda que Dios es absolutamente bueno. Él no es un tirano, como Eva estuvo tentada de pensar. Él es un Padre perfecto, es todo amor. Además, nos recuerda que Dios tiene la capacidad de sacar bien del mal. Piensa en la historia del Antiguo Testamento de José en el capítulo 37 del Génesis. Dios fue capaz de usar el mal de los hermanos de José cuando lo vendieron como esclavo para conseguir el bien de salvar al pueblo de Israel y reconciliar a José con sus hermanos. Otro ejemplo es cuando Dios permitió que metieran a san Pablo en la cárcel, pero Pablo dijo que eso le brindó la oportunidad de anunciar a Jesús (cf. Flm 1,13). Pero, por supuesto, el mejor ejemplo es que el Padre permitió que su Hijo sufriera y muriera para traer la salvación al mundo. Jesús no quería sufrir (por eso rezó con tanta intensidad en el huerto de Getsemaní). Quería hacer la voluntad del Padre, incluso si eso significaba cargar sobre sí mismo los pecados del mundo. Aceptó su sufrimiento de forma que pudiera sacar el bien de la redención del mundo y así demostrar su profundo amor al Padre y a nosotros (cf. Lc 22,42-44). Al final, este sufrimiento trajo la Resurrección, por la que Jesús se convirtió en la cabeza de una nueva familia humana.

La Biblia revela varias razones posibles por las que Dios nos permite sufrir, aunque estas razones no sean siempre evidentes en toda experiencia de sufrimiento.

El sufrimiento puede ser una consecuencia de una mala decisión. En términos bíblicos, esto se denomina «recoger lo que siembras» (cf. Gál 6,7-8). Puede que nuestras malas decisiones hayan acarreado sufrimiento para nosotros o para otras personas (cf. Rom 6,23). Puede que también suframos por las malas decisiones de los demás (Dios a veces actúa para prevenirnos del daño de los demás, pero si siempre nos protegiera de las malas decisiones de los demás, la libertad humana quedaría bastante comprometida).

El sufrimiento puede ser un remedio. Hay veces que Dios nos permite pasar por un sufrimiento para despertarnos y atraer nuestra atención hacia Él (cf. Hb 12,4-5). C. S. Lewis lo dice así: «Podemos ignorar incluso el placer, pero el dolor insiste en que se le atienda. Dios nos susurra en nuestros placeres, nos habla en nuestra conciencia, pero nos grita en nuestro dolor: es su megáfono para despertar a un mundo sordo»[41].

El sufrimiento puede ser un maestro. El dolor también nos puede proporcionar sabiduría. El sufrimiento puede ser un maestro (cf. Ef 5,26-27; Sal 119,67; Sant 1,2-4). Esta es una verdad que nos revela la Biblia pero que se nos hace evidente en personas con gran sabiduría: han sufrido y han permitido que su sufrimiento les lleve a una profun-

---

41 C. S. Lewis, *The problem of pain* (HarperOne, Nueva York 2001) 91 [trad. esp. *El problema del dolor* (Rialp, Madrid 1994)].

da comprensión sobre ellos mismos y sobre la experiencia humana, lo que sería imposible sin este sufrimiento.

Más allá de que sea un remedio o un maestro, sufrir con Cristo tiene un poder en sí mismo. San Pablo escribe sobre esto cuando dice: «Ahora me alegro de mis sufrimientos por vosotros: así completo en mi carne lo que falta a los padecimientos de Cristo, en favor de su cuerpo que es la Iglesia» (Col 1,24).

Esto significa que el sufrimiento puede ser salvífico. El sufrimiento tiene otro sentido que ya vimos cuando observamos los ejemplos de Jesús y de san Pablo. El sufrimiento fue el medio que Dios eligió para redimir al mundo. Como había que ocuparse del mal y no se podía ignorar la injusticia, y como la humanidad había incurrido en graves heridas autoinfligidas, heridas que nos estaban matando, pero que no podíamos sanar por nuestra cuenta, Dios asumió sobre sí mismo y voluntariamente nuestra condición. El sufrimiento de Jesús —Dios y hombre— y su paso por la oscuridad y por la muerte hacia el triunfo de la resurrección de los muertos han hecho que todo el mundo pueda alcanzar la salvación. Para conseguir nuestra salvación, Dios no eliminó nuestro sufrimiento sin más, no por ahora, sino que lo transformó. La voluntad de Dios de abrazar el sufrimiento por amor le ha dado un sentido y un poder que no tenía. Es más, Jesús llama a todo aquel que le pertenezca a beneficiarse de este poder. Ha invitado a todos los que lo aman a participar de esta misión.

El papa san Juan Pablo II habló de esta transformación y de la participación en el sufrimiento en su encíclica *Salvifici doloris*:

> En este sufrimiento redentor, a través del cual se ha obrado la redención del mundo, Cristo se ha abierto desde el

> comienzo, y constantemente se abre, a cada sufrimiento humano. [...] Cristo ha obrado con su sufrimiento la redención del mundo. Al mismo tiempo, esta redención, aunque realizada plenamente con el sufrimiento de Cristo, vive y se desarrolla a su manera en la historia del hombre. Vive y se desarrolla como cuerpo de Cristo, o sea la Iglesia, y en esta dimensión cada sufrimiento humano, en virtud de la unión en el amor con Cristo, completa el sufrimiento de Cristo. Lo completa *como la Iglesia completa la obra redentora de Cristo*[42].

Esto significa que Dios está muy cerca de los que sufren con Él. De hecho, el Nuevo Testamento y la historia de la Iglesia nos enseñan que el sufrimiento no pone de manifiesto una falta de amor de Dios. ¿Cómo se corresponde esta comprensión cristiana del sufrimiento redentor con el tema en cuestión? «Las personas homosexuales están llamadas a la castidad» (CEC 2359).

Si elimináramos la tercera palabra, esta frase seguiría siendo verdad. La Iglesia enseña que todas las personas están llamadas a la castidad, no solo las personas homosexuales. De nuevo, esto no es un tema de nosotros y ellos. Todos estamos en el mismo barco. La virtud de la castidad da libertad a todos los seguidores de Cristo para amar de forma genuina, aunque también conlleva cierta medida de sufrimiento para ganar esa libertad. Todos experimentamos algún tipo de desorden en nuestros apetitos sexuales o en nuestra atracción sexual, y todos estamos llamados a pasar de esas distorsiones al amoroso autodominio de la

---

42 JUAN PABLO II, carta apostólica sobre el sentido cristiano del sufrimiento humano *Salvifici doloris* (11 de febrero de 1984), n.º 24 (destacado en el original): https://bit.ly/3xBisWp.

castidad. «Mediante virtudes de dominio de sí mismo que eduquen la libertad interior, y a veces mediante el apoyo de una amistad desinteresada, de la oración y la gracia sacramental, pueden y deben acercarse gradual y resueltamente a la perfección cristiana» (CEC 2359).

Lo más importante que dice la Iglesia con esto es lo mismo que les dice a todos sus hijos: todos nosotros, incluidos los hombres y mujeres homosexuales, estamos llamados a ser santos. Nada menos. En la Iglesia católica, el mayor reconocimiento de la santidad personal es ser canonizado como santo. Quizás algún día la Iglesia católica canonice a alguien que sepamos que haya sentido atracción al mismo sexo, tal y como la Iglesia ha canonizado a personas que han superado varias dificultades para vivir de forma fiel a Dios. Yo y muchos otros católicos anhelamos ese día. La gracia de Dios está al alcance de todo aquel que esté dispuesto a andar por el camino de la libertad y del amor con Cristo. Ese camino implica ciertamente sufrimiento: todos los cristianos somos moldeados por la Cruz, la puerta de acceso a la vida y la sanación de Cristo. Todos los cristianos tenemos que «morir a nosotros mismos» para vivir para Dios. Es necesario que estemos dispuestos a abrir caminos que permitan que su gracia entre en nuestras vidas.

Volviendo a san Pablo y sus hermanos de la comunidad de Corinto, escribe: «Y tales fuisteis algunos de vosotros. Pero habéis sido lavados, habéis sido santificados, habéis sido justificados en el nombre del Señor Jesucristo y en el Espíritu de nuestro Dios» (1 Cor 6,11). Dios da esperanza a todo el mundo. La Iglesia ofrece nada menos que la santidad para todo el mundo. Nadie está excluido ni nadie está descalificado mientras nos entreguemos a Dios.

TRATANDO CON DEFINICIONES

Hace unos años, antes de que el Tribunal Supremo fallara a favor del matrimonio entre personas del mismo sexo, en Minnesota, el estado donde vivo, se debatía la cuestión del matrimonio. Siempre que conducía por Duluth o por Saint Paul, me fijaba en unos carteles naranjas y azules clavados en el césped de los jardines delanteros de las casas. Se leían eslóganes como «¡Vota NO a limitar la libertad para casarse!» o «Todo el mundo tiene derecho a casarse». De vez en cuando, veía algunos carteles azules y verdes que decían: «Vota SÍ para conservar la definición tradicional de matrimonio».

Casi cada noche, salía una noticia sobre la cuestión del matrimonio. Todo el mundo parecía estar hablando del matrimonio en sí, o de limitar la libertad de casarse, o de la idea que una persona debería tener para poder casarse con quien elija. Pero había algo que misteriosamente faltaba en todas estas conversaciones: una definición clara del matrimonio en sí.

Corro el riesgo de parecer simplista, pero no tiene ningún sentido afirmar que todo el mundo tiene derecho a casarse cuando no somos capaces de definir el matrimonio. ¿No te parece importante que el Estado facilite una definición conveniente del matrimonio cuando se va a votar su redefinición? Si somos incapaces de decir claramente lo que una cosa es, ¿no debería ser el primer paso definir esa cosa? Por eso, quiero plantear esta pregunta: ¿qué es el matrimonio?

1. El matrimonio es único

¿Qué hace que el matrimonio sea considerado una relación única a los ojos de toda la humanidad y de todas las civilizaciones? Un poco de biología nos ayudará a responder a esta pregunta. Cuando observamos la anatomía humana, encontramos una serie de aparatos y sistemas biológicos. Está el sistema límbico, el sistema cardiovascular, el aparato digestivo, el aparato respiratorio, el sistema muscular y algunos más. Cada uno de ellos está completo y es íntegro.

Así, el cuerpo de cada persona tiene un aparato digestivo completo que funciona independientemente del de otros seres humanos; lo mismo es cierto en lo que se refiere al sistema límbico y al cardiovascular. Sin embargo, hay un sistema biológico que todo ser humano tiene y que, por sí solo, está incompleto: el sistema reproductor.

El sistema reproductor es el único sistema biológico que necesita otro cuerpo humano para funcionar. Y eso no es todo: no necesita un cuerpo cualquiera, sino que necesita uno complementario. El cuerpo masculino y el femenino son perfectamente complementarios. Son lo suficientemente parecidos como para ser de la misma especie, pero son lo suficientemente diferentes como para ser sexos distintos.

El hombre y la mujer no son accidentalmente diferentes, sino significativamente diferentes. Son distintos de una manera en particular. Las diferencias entre el hombre y la mujer están ordenadas hacia una unión especial que permite la posibilidad de llegar a una forma de plenitud particular. Para llegar a esta plenitud, se necesita una acción humana en concreto: una unión biológica orientada a la procreación de los hijos.

Obviamente, la gente puede hacer otras muchas cosas con esas partes del cuerpo, pero dejemos esto a un lado por el momento. Un observador externo imparcial reconocería que la finalidad del acto sexual humano es formar una unión biológica del hombre y la mujer, orientada a la creación de vida humana.

Llegados a este punto, alguien podría decir: «Anda, qué bonito. Así que lo que quieres decir es que el matrimonio se reduce al sexo». Pues ¡en cierto sentido sí! Y en cierto sentido no. El matrimonio es mucho más que sexo. Reconocemos que el matrimonio también es la unión de dos corazones y mentes —una unión permanente y exclusiva—, en la que el hombre y la mujer traen consigo las experiencias de sus respectivos sexos para unirse complementariamente. El matrimonio es también la unión de sus voluntades, y requiere amor y compromiso; pero, aún así, y esto es importante, el matrimonio no es la única relación humana que implica amor y compromiso. A lo largo de algunos debates públicos sobre la cuestión del matrimonio, he escuchado decir: «Venga ya, ¿qué pasa contigo? ¿Es que no ves que el amor es amor?». Claro que sí, pero eso es lo mismo que no decir nada. Hay muchas relaciones personales humanas que implican amar, pero no decimos que son matrimonios. La relación entre hermanos o entre amigos puede implicar un amor y una atención verdaderos, pero no por ello son matrimonios.

¿Y qué hay del compromiso? También puede haber compromiso en un sinfín de tipos de relaciones humanas. Por ejemplo, una amistad profunda normalmente implica un compromiso profundo por las dos partes. El amor entre una madre y su hija puede conllevar un compromiso profundo; incluso una relación empresarial puede requerirlo.

Participé en un debate sobre este asunto en una universidad católica en la que también vivían unas cien religiosas. Estas mujeres están profundamente comprometidas con Dios y entre ellas. Este compromiso las fortalece y les permite convertirse en las mujeres que están llamadas a ser. En su relación hay amor, compromiso, incluso asistencia y ayuda mutua, pero ¿significa eso que esta situación en particular es un matrimonio? Por supuesto que no. Aunque tiene esos elementos que ya he mencionado, faltan los esenciales que constituyen el matrimonio.

¿Y si hubiera dos jugadores de tenis que se comprometieran fuertemente a competir única y exclusivamente como parejas de dobles juntos durante el resto de sus vidas? Eso es una relación exclusiva de gran compromiso, pero ¿es un matrimonio? No. Aún más, ¿y si dos personas prometieran que solo se cogerán de la mano entre ellos exclusivamente por el resto de sus días? ¿Sería eso un matrimonio? No. O algo aún más especial: ¿y si dos personas prometieran que solo se abrazarán el uno al otro exclusivamente hasta el fin de sus días? De nuevo, no; esto no constituiría un matrimonio. A un nivel fundamental, una acción esencial y singular se da en el matrimonio. ¿Cuál es esta acción? Es el acto específicamente humano que resulta en una unión biológica que, por su naturaleza —su *lo-que-es*—, está orientada a la creación de la vida humana. Esta es la característica propia de toda relación matrimonial.

2. Si cambian las reglas del juego, cambia el nombre del juego

Piensa en el béisbol. Se necesitan muchas cosas para jugar al béisbol: dos equipos de jugadores, el campo, alguien que haga de árbitro, y otras cosas como las gorras de béisbol, los guantes y las equipaciones. Ahora bien, algunas de estas cosas pueden cambiar, ¿no? Cualquier niño que haya echado un partido improvisado en la calle lo sabe. En vez de los nueve jugadores que oficialmente hacen falta en un equipo, a lo mejor solo hay tres. En vez de las bases reglamentarias, quizá un guante sobrante, una alfombrilla vieja de un coche o una camiseta hacen las veces de bases. Puedes tener un campo de béisbol de medidas reglamentarias o simplemente distribuyes las bases según el espacio que tengas en el jardín trasero.

Está claro que algunos elementos del béisbol pueden cambiar porque no son esenciales. Pero ¿significa que por el hecho de que algunos no son esenciales ninguno es esencial? Por supuesto que no. Para que el béisbol sea béisbol hacen falta al menos tres cosas: en primer lugar, necesitas una pelota de béisbol; en segundo lugar, necesitas un bate, y, por último, necesitas intentar darle a la pelota con el bate para correr por las bases y así anotar una carrera. Eso es lo que hace falta para jugar al béisbol.

¿Qué pasa si quitas uno de esos elementos esenciales? Deja de ser béisbol para ser otro deporte. Si no tienes bate, solo estás jugando a la pelota. Si no tienes pelota de béisbol, estás jugando al *stickball*, que se juega con una pelota de goma. O quizá estás dándole a una pelota más ligera, una pelota de softbol, pero ¡eso sería ya otro deporte! Si no estás corriendo por las bases para anotar una carrera, entonces quizá estás practicando el golpe de bateo o los movimientos defensivos. Pero lo que necesitas para que sea un partido de béisbol son esos tres elementos esenciales. Quita uno de ellos y ya no estarás jugando al béisbol.

Y entonces viene un jugador de fútbol americano y dice: «Quiero ser jugador de béisbol». Ya te puedes imaginar a alguien del equipo respondiendo: «¡Genial! Estás en mi equipo, a la siguiente te toca». Pero ¿y si esa persona dice: «No, no, no. No me gusta el béisbol. No quiero jugar al béisbol. Yo solo quiero ser jugador de béisbol. Quiero jugar al fútbol, pero quiero que lo llaméis béisbol»? ¿Sería injusto decirle a esta persona que no es posible ser jugador de béisbol sin jugar al béisbol? No, eso no es ser injusto, porque si quieres ser jugador de béisbol tienes que jugar al béisbol sí o sí, y para jugar a un partido de béisbol se necesitan esos tres elementos esenciales que lo caracterizan.

Y si esa persona replica: «Un partido es un partido. Es lo mismo. Yo tengo un equipo, vosotros también. Yo juego en un campo, vosotros también. Vosotros tenéis un árbitro, y yo también. Incluso llevo una equipación al igual que vosotros, y juego con una pelota como vosotros. ¡Es el mismo deporte!».

El béisbol y el fútbol, ambos, son deportes y se parecen en algunos aspectos; pero no son lo mismo.

3. ¿La policía de la rectitud moral?

En lo que respecta al matrimonio, hay todo tipo de elementos que no son necesarios ni esenciales. Sin detenernos en la cuestión de la moral, veamos lo que hace que el matrimonio sea una relación única en toda la humanidad.

¿Es el amor? No, en muchas relaciones hay amor. ¿Es el compromiso? No, en muchas relaciones existe ese sentido de compromiso. Lo que hace que el matrimonio sea único es que se trata de una unión particular de corazones y voluntades que culmina en una unión biológica que por naturaleza está orientada hacia la creación de vida. Fundamentalmente, el matrimonio es la relación permanente y exclusiva entre parejas sexualmente complementarias.

Algunos podrán no estar de acuerdo. Hace poco, estuve hablando con una chica que decía: «Pero ¿y si una pareja no puede tener hijos? ¿Eso les descalifica? ¿No es eso un matrimonio?». Sí, porque están participando en un acto que está, por naturaleza, orientado hacia la creación de vida humana, y están formando verdaderamente una unión biológica en cada acto sexual. La objeción de esta chica, aunque razonable, era como la del jugador de fútbol que, señalando a los miembros del equipo de béisbol, les dice: «Ese equipo ni siquiera ha llegado a anotar una carrera. Yo juego al fútbol, y ¡siempre anoto *touchdowns*! ¡Soy mejor jugador de béisbol que ellos!». Y, aún así, sabemos que incluso el peor jugador de béisbol es más jugador de béisbol que uno de fútbol americano.

4. ¿Acaso no ha cambiado el matrimonio con el tiempo?

Otros dirán: «El matrimonio ha cambiado a lo largo de la historia. Y no solo ha cambiado, sino que ha habido épocas en las que cierto tipo de personas, ciertas razas, o ciertas etnias no tenían derecho a casarse. Ahora pasa lo mismo: es solo una cuestión más de derechos civiles».

Esta objeción es interesante y sugerente, pero, en última instancia, no es convincente. Por ejemplo, esas restricciones sobre quién podía casarse tenían como objetivo único frenar el crecimiento de un grupo demográfico o crear diversidad demográfica. En algunas culturas, se prohibía que sus miembros se casaran con personas de una religión, etnia o grupo social diferente al suyo para así preservar su identidad. En otras, se prohibían los matrimonios dentro de su mismo grupo para promover la diversidad. Pero todo se centraba en el tipo de cultura que esos matrimonios iban a crear, no en las parejas en sí.

Solo por el hecho de que el matrimonio parece variar según la cultura no quiere decir que sea infinitamente maleable. Del mismo modo, el simple hecho de que algunos elementos no esenciales del béisbol se puedan cambiar no significa que los que sí son esenciales hayan cambiado.

Algunos también sacan el tema de la poligamia, lo que es comprensible, especialmente cuando cuenta con una larga tradición en varias culturas (incluso en algunas culturas religiosas). No obstante, hasta en las relaciones poligámicas el matrimonio se ha dado entre un hombre y una mujer. No es solo mi definición de la poligamia: así es como aquellos que practican la poligamia la perciben y la viven. Jack se casa con Jill. Jack también está casado con Jane, pero Jill no está casada con ella. Lo contrario nunca se ha dado. Incluso en el caso de la poligamia, solo un hombre y una mujer participan en el acto carnal que conduce a la unidad y a la creación de vida humana. Los elementos esenciales que constituyen un matrimonio están presentes.

5. La policía de la corrección lingüística

Todos hemos sido víctimas de algún quisquilloso obsesionado con la corrección lingüística. Por ejemplo, cuando preguntas a tu profesor de lengua: «Perdone, ¿puedo ir al baño?». Y te responde: «Poder, puedes, pero no tienes permiso».

Tu profesor de lengua intentaba señalar la diferencia entre poder (es posible porque tienes las facultades necesarias) y tener permiso. A simple vista, la cuestión del matrimonio puede parecer algo así. Lo que parece decirse a las personas que se quieren casar con alguien del mismo sexo es esto: «No tenéis permiso para hacerlo». A lo largo de la historia, ese ha sido el caso de la discriminación racial, religiosa o étnica. Por ejemplo, a una pareja interracial que quería casarse se le decía: «No tenéis permiso para casaros». Pero si realmente se casaran, ¿sería su matrimonio verdadero? ¡Sí! Porque se dan los elementos esenciales para ello.

El Estado decía injustamente: «No tenéis permiso», pero no tenía poder para decir: «No podéis, no tenéis las facultades necesarias». Personas de distintas razas y culturas podían, en realidad, participar en la unión característica que llamamos matrimonio —la unión complementaria en la que el hombre y la mujer se unen mediante el acto específico que permite que nuevos seres humanos vengan al mundo—. Tenían las facultades necesarias para llegar a esa unión. El problema era que algunos grupos no querían que hombres y mujeres de distintas comunidades lo hicieran.

6. ¡Pero el amor es amor!

Ahora bien, de nuevo, alguien podría decir que el amor es amor. Pues sí y no. Es como decir que un partido es un partido. Sí, un partido es un partido. Pero un partido de béisbol no es un partido de fútbol. El amor conyugal no es lo mismo que el paternal. El amor fraternal no es lo mismo que el de una amistad. Si la definición cambia, se necesita entonces un criterio adecuado para este cambio.

Alguno podría decir: «Deberías poder casarte con la persona a la que amas, sea quien sea». Pero ¿adónde nos lleva eso? Más que darnos una nueva definición del matrimonio, no sirve para definir lo que es.

Hace un tiempo, estaba hablando con una de mis estudiantes. En un principio, afirmaba que le parecía bien no definir el matrimonio. Decía: «A ver, el matrimonio puede significar lo que sea que quieras que signifique para ti, y puede significar lo que yo quiera que signifique para mí». Reivindicaba que sería más provechoso y justo si simplemente dejáramos de limitarnos a una sola definición compartida de matrimonio: que cada uno lo defina según le parezca.

Un relativismo así quizá ayude a algunos a evitar enfrentamientos a corto plazo, pero las comunidades y las culturas no están simplemente para evitar enfrentamientos, sino para unir a las personas mediante vínculos y ayudarlas a cultivarlos. Dejar términos y conceptos básicos sin definir no es provechoso para nadie a la larga.

Por otra parte, si el amor es el único criterio para casarse, entonces debería poder casarme con quien quiera que sea la persona a la que ame. Mark debería poder casarse con Matt, ¿no es así? ¿Y si Mark y Matt son hermanos? ¿Deberían poder casarse aun así? Dicho esto, no estoy comparando los actos homosexuales con el incesto. Simplemente estoy aplicando a otro tipo de relación el mismo criterio que se está usando para redefinir el matrimonio (el amor). Si el amor es lo único que se necesita para redefinir el matrimonio, entonces, literalmente, no hay ningún límite en cuanto a quién puede casarse con quién.

7. Base fundamental de construcción

«¿Y qué? ¿Por qué os importan tanto las relaciones de los demás? ¿Qué importancia tiene? ¿Por qué la Iglesia se sigue entrometiendo en este tema? ¿Por qué a los obispos les importa tanto?». Tenemos que detenernos bastante para reflexionar sobre esto.

Igualmente podríamos preguntarnos: «¿Por qué el Estado se interesa tanto en este tipo de relación en concreto? Al fin y al cabo, nadie diría que necesitamos solicitar un permiso al gobierno para tener amigos; tampoco hay ninguna rama del derecho que se llame «derecho de la amistad», mientras que sí hay una muy importante llamada «derecho matrimonial»». La razón por la que el Estado se interesa tanto por el matrimonio es porque reconoce la importancia social. La mayoría de las personas admite que el matrimonio es la base fundamental de cualquier sociedad. El matrimonio precede a cualquier otra relación humana y, como relación socialmente reconocida, ensalza el vínculo entre el hombre y la mujer que se comprometen el uno con el otro y con aquellos hijos que pudieran llegar a tener. El matrimonio existe antes que las tribus, los vecindarios o los países. Cuando dos personas se unen de esta manera en particular, que requiere la donación de sí mediante la unión complementaria y total de sus vidas, y que a su vez implica el acto concreto que trae al mundo más seres humanos, entonces, se originan las tribus, los vecindarios y los países.

Por eso, el matrimonio es la base fundamental de nuestra sociedad. ¿Hemos llegado a tal punto que no estamos dispuestos ni a detenernos para considerar las consecuencias de cambiar los componentes de esta base de construcción social? Si alguien estuviera construyendo un edificio —uno que tuviera que soportar un gran peso y que tuviera que aguantar mucho tiempo—, ¿sería prudente cambiar los materiales de esas bases fundamentales y empezar a construir sin haber probado antes su resistencia? No parece que sea una buena práctica de ingeniería.

Del mismo modo, no sabemos qué consecuencias tendrá para una sociedad cambiar radicalmente los componentes de su base más fundamental.

El matrimonio no ocupa un lugar privilegiado en nuestra sociedad porque queramos favorecer que las personas puedan cultivar sus relaciones sentimentales, sino porque los matrimonios estables construyen sociedades prósperas. Insisto, no se trata de meras relaciones sentimentales estables, sino de matrimonios estables: esto es, relaciones exclusivas y permanentes que ensalzan la unión concreta por la que nuevos seres humanos vienen al mundo.

8. ¿Derechos?

En este capítulo no estamos hablando de derechos. Más bien, tratamos de clarificar el significado de una relación aceptada universalmente. Dicho esto, a todos nos conmueve esa persona a la que no se le permite entrar en la sala de urgencias para acompañar a la persona más importante de su vida simplemente porque no se la considera un «familiar directo». Somos capaces de entender por qué una pareja de personas no casadas, pero que comparten su vida, quieren tener los mismos beneficios fiscales que las parejas casadas reciben por vivir juntos.

Quizá es injusto negarle al «compañero de vida» de una persona el acceso a su habitación del hospital. A lo mejor el gobierno debería permitir que aquellas personas que tienen una relación distinta al matrimonio reciban beneficios fiscales parecidos a los de las parejas casadas. La Iglesia no tiene ningún problema con que esas leyes cambien, siempre que entre dentro de lo razonable. Existen maneras de dar respuestas a estas preocupaciones subyacentes sin llamar «matrimonio» a relaciones que difieren significativamente de la realidad del matrimonio y de lo que este ensalza a nivel social —la unión del hombre y la mujer que da la vida a nuevos seres humanos y por la que la sociedad perdura—.

9. Un último comentario

Ryan T. Anderson, un experimentado investigador de la fundación Heritage[43], ha escrito mucho sobre los argumentos legales y culturales a favor de la restauración de la definición tradicional del matrimonio. Dan Savage, escritor y activista de la comunidad LGTB, también ha escrito y compartido su opinión sobre los argumentos a favor de una redefinición del matrimonio. En muchos aspectos, sus trabajos presentan los mejores argumentos de cada una de las partes.

Sorprendentemente, sus mejores argumentos se basan en la misma creencia. Ambos sostienen que en los últimos cincuenta años se ha dado una redefinición *de facto* de la institución del matrimonio tradicional en cuanto a la manera en la que las parejas contraen matrimonio y lo viven. Por eso mismo, he analizado el matrimonio como una institución anterior a la cultura actual y he abordado por qué sus elementos esenciales aluden a la unión sexual orientada a la procreación y educación de los hijos: mucha gente, hoy en día, no vive así el matrimonio.

Dan Savage defiende que, con la promulgación de la ley que permitió el divorcio sin culpa y su aceptación social, así como con la desvinculación del matrimonio de la

43 N. del T.: Fundación estadounidense conservadora creada en los años setenta de gran relevancia para el movimiento conservador cuyo objetivo es la promoción de valores tradicionales estadounidenses.

crianza de los hijos, el matrimonio homosexual es simplemente la progresión natural de lo que ya existe. Este argumento tiene peso solo si aceptamos que el matrimonio no es permanente y no está ordenado por naturaleza hacia la concepción de una nueva vida.

Ryan T. Anderson contraargumenta señalando que nuestra sociedad está tomando conciencia cada vez más de lo que hemos hecho del matrimonio. Al estar más presente en nuestras conciencias la defensa del matrimonio homosexual, más personas se dan cuenta del desastre que ha causado nuestra redefinición *de facto* del matrimonio. Uno de sus muchos ingeniosos argumentos es que merece la pena detenernos y examinar si, como sociedad, queremos continuar por este camino de la redefinición.

¿DÓNDE ESTÁ ESO EN LA BIBLIA?

«¿Sabías que la Biblia no dice nada realmente sobre la homosexualidad?». Esto dijo un chico que solo unos días antes me había hecho saber que sentía atracción por personas del mismo sexo. Eso sí, este chico había sido educado en una familia católica y amaba su fe. Aunque había sentido esta atracción desde que tenía uso de razón, fue su fe en Cristo, en la Iglesia y en la Biblia la que modeló su visión de la sexualidad. No obstante, últimamente había leído algunos artículos en Internet y había visto unos cuantos vídeos en Youtube. Incluso había leído el libro de Matthew Vines *God and the gay christian* (*Dios y el cristiano gay*), y se había dado cuenta de que había algunas personas que, diciendo ser cristianas y obedientes a todo lo que dice la Biblia, enseñan que esta no dice nada al respecto.

Al contrario de lo que afirman algunos, la Biblia es sumamente clara en lo que respecta a esta cuestión. Algunas personas no están de acuerdo en hacer referencia al Antiguo Testamento a la hora de abordar este tema porque, según sostienen, en el Antiguo Testamento se prohíben muchas cosas que luego se permiten en el Nuevo Testamento. Esta declaración es una simplificación enorme, porque también hay cosas que son obligatorias o que están prohibidas en el Antiguo Testamento que también lo están en el Nuevo Testamento. El tema no es si el Antiguo Testamento incluye reglas que el cristiano debe seguir, porque las incluye; es más bien saber cómo debemos comprender esas reglas a la luz de la verdad más plenamente revelada en el Nuevo Testamento. Pero, puesto que este es un tema algo enrevesado, vamos a centrarnos en las enseñanzas del Nuevo Testamento. Está claro que en el Nuevo Testamento los actos homosexuales son inadmisibles.

En su carta a los cristianos de Roma, escrita en torno al año 57 d. C., san Pablo compara los actos homosexuales con la idolatría. No es que afirme que son lo mismo, sino que pone los actos homosexuales como ejemplo para ilustrar lo lejos que andaban algunos de reconocer la verdad sobre nuestra vida y sobre Dios. Dice así:

> Pues, habiendo conocido a Dios, no lo glorificaron como Dios ni le dieron gracias; todo lo contrario, se ofuscaron en sus razonamientos, de tal modo que su corazón insensato quedó envuelto en tinieblas. Alardeando de sabios, resultaron ser necios y cambiaron la gloria de Dios inmortal por imágenes del hombre mortal, de pájaros, de cuadrúpedos y reptiles. Por lo cual Dios los entregó a las apetencias de su corazón, a una impureza tal que degradaron sus propios cuerpos; es decir, cambiaron la verdad de Dios por la mentira, adorando y dando culto a la criatura y no al Creador, el cual es bendito por siempre. Amén. Por esto, Dios los entregó a pasiones vergonzosas, pues sus mujeres cambiaron las relaciones naturales por otras contrarias a la naturaleza; de igual modo los hombres, abandonando las relaciones naturales con la mujer, se abrasaron en sus deseos, unos de otros, cometiendo la infamia de las relaciones de hombres con hombres y recibiendo en sí mismos el pago merecido por su extravío (Rom 1,21-27).

En este fragmento, san Pablo parece dar simplemente por sentado que todo el mundo sabe que esos actos en concreto son inmorales. Ni siquiera se toma la molestia de argumentar por qué. Y no es porque las razones no sean importantes, pues lo son, sino seguramente porque ninguno de sus lectores cuestionaba que estos actos fueran inmorales; ellos lo entendían así y lo aceptaban como parte de la verdad revelada por Dios.

Por supuesto, eso no significa que san Pablo no estuviera al tanto de que se daban estas prácticas de tener relaciones con personas del mismo sexo; eran relativamente comunes en el mundo grecolatino. De hecho, había vivido en la ciudad de Corinto durante sus viajes, y conocía la reputación de la gente de esa ciudad.

Tampoco significa que san Pablo fuera indiferente o temeroso de aquellos que habían cometido actos homosexuales. ¡Recuerda: estaban entre los primeros conversos de Corinto!

¡San Pablo no es indiferente a las personas que cometen pecados sexuales! ¡Las anima con caridad y esperanza! Pero también les urge a dejar de cometerlos. Es vital que todos los cristianos reconozcamos esto. Como hemos apuntado antes, todo aquel que sigue a Jesús está llamado a rechazar aquellos deseos que no se ajustan al plan de Dios ni a su propósito.

1. ¿Caso de identidad equivocada?

Al plantear la situación de aquellos cristianos que se identifican como gais o lesbianas, algunos afirman que san Pablo no consideraba la homosexualidad como parte de la experiencia humana, ni tampoco entendía el concepto de relaciones homosexuales de amor leal, ni tampoco puede que entendiera la atracción sexual como algo más que mero deseo. Algunos sostienen que nunca hubiera comprendido la idea moderna de que las atracciones sexuales forman parte de la identidad de la persona. Por estas razones, algunos defienden que esta prohibición de los actos sexuales entre personas del mismo sexo podría y debería adaptarse a nuestros tiempos. Con ello quieren decir, de hecho, que podemos ignorar las enseñanzas de san Pablo al respecto, dando preferencia a las ideas y actitudes actuales.

Afirmar esto supone más de un problema. Aquí solo vamos a comentar algunos. En primer lugar, incluso si fuera verdad que Pablo no tuviera a su disposición todo el abanico de ideas modernas sobre la atracción por personas del mismo sexo, sí contaba con la Palabra de Dios y con la guía del Espíritu Santo para iluminar su enseñanza sobre la sexualidad humana y el matrimonio. Las ideas contemporáneas no cambian las realidades fundamentales de la vida cristiana: la sexualidad humana tiene como finalidad atraer a la persona al sexo contrario y el matrimonio es la unión entre un hombre y una mujer que por naturaleza está orientada hacia la procreación de los hijos. La sexualidad humana, como ocurre con otras dimensiones de la vida del ser humano, está dañada por nuestra naturaleza caída. San Pablo es consciente de ello, pero sabe que esto no cambia su naturaleza fundamental ni su finalidad. En segundo lugar, no se ha demostrado la hipótesis de que san Pablo nunca conoció a personas en una relación homosexual seria. De hecho, por lo que sabemos sobre el mundo antiguo, podríamos afirmar que san Pablo sí conocía esa realidad.

Como señalamos antes, para san Pablo, el concepto de identidad personal estaba predominantemente anclado en nuestra transformación en «una nueva criatura» en Jesucristo. Incluso mirando su propia vida, san Pablo consideraba su linaje y sus méritos una «pérdida comparado con la excelencia del conocimiento de Cristo Jesús, mi Señor» (Flp 3,8). Por ello, independientemente de que san Pablo considerara el deseo homosexual como algo innato, adquirido de manera involuntaria o elegido, no estaba interesado en una identidad que se fundamentara en otra cosa que no fuera su identidad (o la de cualquier otro) en Cristo. Para Pablo, entender el propósito de Dios para nuestra vida es entender el ser humano a la luz de su llamada a ser «nueva criatura» mediante Cristo, viviendo según sus enseñanzas y su ejemplo.

2. Pero Jesús nunca dijo...

¿Y Jesús qué? ¿No estaba siempre hablando del amor? ¿Cómo podía el Dios del Nuevo Testamento que amaba a todos decir algo en contra del amor?

Veamos, hay quienes afirman que Jesús nunca dijo nada acerca de la homosexualidad. Por lo tanto, basándose en su silencio, no debería haber tenido inconveniente. El problema de este razonamiento es que tergiversa lo que conocemos de Jesús y de sus enseñanzas. Las enseñanzas de Jesús sí tienen algo que decir sobre la homosexualidad. Como veremos, Jesús concebía las relaciones sexuales como acciones reservadas para el matrimonio, y enseñó que Dios concibió el matrimonio como vínculo permanente entre hombre y mujer. Incluso si, para seguir con nuestro razonamiento, cedemos y decimos que Jesús no hizo lo que acabo de señalar, aquellos que buscan la aprobación de la homosexualidad por parte de Jesús se están apoyando fundamentalmente en su silencio al respecto. Un argumento así no es suficiente para demostrar que Jesús no estaba de acuerdo con la visión moral judía en un punto tan elemental. Es más, Jesús nunca condenó explícitamente la contaminación del medio ambiente ni el rapto. ¿Significa eso que apoyaba dichas acciones? Claro que no. Siguiendo el mismo razonamiento, no es válido sostener que Jesús hoy aprobaría los actos homosexuales solo porque nunca hizo explícitamente referencia a ellos.

Ahora bien, ¿qué sabemos acerca de la actitud de Jesús hacia la sexualidad humana y la conducta moral? Tal y como las Escrituras lo presentan, Jesús sí tenía una ética sexual estricta, que no se fundamentaba en algún tipo de regla abstracta y esotérica. Jesús conocía el corazón humano. Entendía la naturaleza humana. «Pero Jesús no se confiaba a ellos, porque los conocía a todos y no necesitaba el testimonio de nadie sobre un hombre, porque él sabía lo que hay dentro de cada hombre» (Jn 2,24). No es razonable afirmar que, si tan solo Jesús hubiera conocido el dolor de la soledad o si tan solo hubiera entendido cuánto anhela el amor el corazón humano, habría aceptado con seguridad cualquier expresión de afecto. Pero Jesús no solo conocía la naturaleza humana, sino que en cada momento era sensible adecuadamente a nuestras heridas y a nuestra debilidad, compadeciéndose de ellas. Entendió lo difícil que puede ser permanecer puros en nuestra sexualidad. Fue tentado en todos los aspectos, pero, a diferencia de nosotros, nunca pecó.

Aunque Jesús sabía lo exigentes que serían sus enseñanzas, también sabía que seguirlas era imprescindible para nuestra libertad y felicidad. Por esta razón, era muy claro al enseñarlas. Nuestra debilidad no hizo que nos diera carta blanca. Y, por supuesto, esto no solo se aplica a las enseñanzas de Jesús sobre la sexualidad humana, sino a todas las demás. Lee lo que dice acerca del perdón a nuestros enemigos (véase, por ejemplo, Mt 6,12; Rom 12,14 y Ef 4,32). No es fácil, pero es necesario. Si esperamos que nuestros pecados sean perdonados, tenemos que estar dispuestos a perdonar los de los demás.

En lo que respecta a la sexualidad humana, Jesús era al mismo tiempo comprensivo con nuestra debilidad y directo en cuanto a lo que deberíamos hacer para alcanzar la dicha que nos prometió. Elevó las enseñanzas entonces habituales sobre la sexualidad humana, para volver así a la finalidad original para la que Dios la creó. Por ejemplo, cuando le preguntaron sobre el divorcio y la posibilidad de casarse nuevamente, Jesús les respondió con esta exigente enseñanza: «Si uno repudia a su mujer y se casa con otra, comete adulterio contra la primera» (Mc 10,11). Los que le escuchaban reaccionaron con sorpresa. «Moisés permitió escribir el acta de divorcio y repudiarla» (Mc 10,4). Era parte de la ley de Moisés: un hombre podía divorciarse de su mujer y casarse con otra. Pero Jesús insistió en que el plan original de Dios propone un modelo más exigente: «Por la dureza de vuestro corazón os permitió Moisés repudiar a vuestras mujeres; pero, al principio, no era así» (Mt 19,8). Jesús, el Dios del amor, no dudó en ser exigente con las personas en lo que respecta al amor. Estaba dispuesto a manifestar abiertamente que el amor siempre pide más. Sin embargo, no nos abandonó a nuestra debilidad. Al contrario, nos dio la gracia de poder vivir estas enseñanzas.

Jesús enseña, incluso a un corazón humano desgarrado, que consentir fantasías sexuales es un pecado grave. «Habéis oído que se dijo: "No cometerás adulterio". Pero yo os digo: todo el que mira a una mujer deseándola, ya ha cometido adulterio con ella en su corazón» (Mt 5,27-28). Ahora bien, seamos claros: Jesús no se refiere a la atracción sexual ni tampoco a las tentaciones. Esos son sentimientos, y nadie puede controlarlos en todo momento. Pero sí podemos controlar qué hacemos con ellos. Aquí, Jesús se refiere a cómo respondemos, si actuamos conforme a esos sentimientos, aunque la acción solo se lleve a cabo en nuestra mente y en nuestro corazón.

Esto me lleva a insistir en una de las ideas que he estado intentado transmitir en este libro. Como somos seres humanos caídos, nadie está libre de haber sido herido de una manera u otra en el área de la sexualidad. Ya sean heterosexuales, homosexuales o bisexuales, todas las personas experimentan en algún momento una atracción o un deseo sexual al que no deberían obedecer ni en el que se deberían deleitar. Las heridas de alguien podrían manifestarse a través de la atracción por personas del mismo sexo, o a través del deseo de ver porno, o del deseo por alguien que no es su marido o mujer, o del deseo de muchas cosas más. Incluso dentro del matrimonio, los esposos tienen que tratar con sentimientos que hacen que estar receptivo al otro, de manera apropiada, en este ámbito de la sexualidad, sea todo un reto. Por eso, la virtud de la castidad —virtud por la cual actuamos debidamente en lo que respecta a nuestra sexualidad— es importante para todos. La pregunta que nos debemos hacer no es: «¿Es malo que tenga estos sentimientos?». La pregunta es: «¿Qué voy a hacer con ellos?».

3. Pasión significa permiso

Jesús expuso con claridad que el sexo está reservado para el ámbito del matrimonio. Condenó la fornicación (cf. Mc 7,20-23), es decir, tener sexo fuera de él. También condenó el adulterio y los actos impuros (cf. Mt 5,27-28). En otras palabras, aceptó la moral sexual común del Antiguo Testamento. El matrimonio consiste, y es uno de sus elementos esenciales, en la relación entre un hombre y una mujer, tal y como hemos visto. Jesús no solo aprobó las creencias tradicionales judías respecto al matrimonio, sino que, como hemos señalado antes, subió el listón aún más al prohibir expresamente el divorcio y la posibilidad de volverse a casar. ¡Sus enseñanzas muestran claramente que le dio más importancia a la fidelidad que al romanticismo! —y no porque estuviera en contra del romanticismo—. Y para Jesús, esta fidelidad querida por Dios en el matrimonio es la fidelidad de un hombre para con una mujer y viceversa. Este es el propósito de Dios, dijo Jesús, desde el principio, al crear al ser humano hombre y mujer (Mt 19,4-6).

Esta enseñanza de Jesús de que Dios pensó el matrimonio para ser un vínculo permanente (y exclusivo, de ahí la condena del adulterio) y entre un hombre y una mujer implica que las relaciones sexuales entre personas del mismo sexo son contrarias al propósito por el que Dios creó la sexualidad humana. Por eso mismo es erróneo decir que, en sus enseñanzas, Jesús no se pronuncia sobre los actos homosexuales. Aunque no todo el mundo está llamado al matrimonio, todos estamos llamados a usar debidamente nuestra sexualidad (castidad); ya sean personas con atracción hacia personas del mismo sexo o no, personas casadas o no. Un uso debido de nuestra sexualidad excluye la fornicación (actividad sexual extramatrimonial) y otras impurezas (fantasías sexuales). Las personas con atracción por el mismo sexo, al igual que las personas heterosexuales que no están casadas, están llamadas a amar a los demás de una manera distinta a la actividad sexual. Y las personas casadas, por su parte, están llamadas a participar en el acto sexual tal y como Dios lo pensó, sin adulterio ni lujuria.

Profundicemos algo más en este tema. Hace poco tuve una conversación con dos universitarios, un chico y una chica que habían estado saliendo durante un año y medio y que esperaban casarse algún día. Estaban intentando defender por qué la doctrina de la Iglesia sobre la moral sexual no les concernía: «Mira —me dijeron—, ya sabemos que estamos comprometidos el uno con el otro, y sabemos que nos vamos a casar. Tener sexo es una de las maneras en las que expresamos el amor que nos tenemos. Cuando estamos juntos de esa manera, nuestro amor se fortalece».

Escucho una historia así al menos dos veces al mes. Intento ser considerado con estos enamorados bienintencionados, pero me he dado cuenta de que una de las excusas que suelen poner para justificar cualquier tipo de acto sexual —homosexual o heterosexual— es el hecho de que están enamorados. Esto es una tentación para todos los seres humanos, estén donde estén. Desgraciadamente, cuando se trata de deseos sexuales o de sentimientos de enamoramiento profundos, la gente suele apuntar a sus pasiones, como si, implícitamente, fueran las que les permitieran actuar en consecuencia. Por eso no es raro encontrarse con algún hombre que dice: «No puedo seguir casado con Beth, porque ya no estoy enamorado de ella. Pero *sí* estoy enamorado de Susan. Por eso, debo actuar coherentemente. Hacer lo contrario sería deshonesto por mi parte». Detrás de este razonamiento está la idea de que somos lo que sentimos, y hacer lo contrario de lo que sentimos es dejar de ser fieles a nosotros mismos. Pero Jesús se dirige a nosotros en un plano más profundo que nuestros sentimientos; habla a nuestra mente y a nuestra voluntad, como partes más fundamentales de nuestro ser. Por supuesto que podemos usar el romanticismo para justificar cualquier cosa. También podemos usar nuestra idea personal de felicidad para justificar cualquier cosa. Pero, basándonos en las Escrituras, está muy claro que Jesús da más importancia a la fidelidad que al romanticismo. Los sentimientos, al parecer, no bastan. Y sabiendo hacia dónde nos suelen llevar nuestros sentimientos, es una buena noticia que Dios no nos juzgue por lo que sentimos en un momento dado.

4. Buscando escapatorias

La enseñanza de Jesús es siempre liberadora. Pero, a menudo, es exigente. No es de extrañar que, dada la llamada heroica que Jesús nos hace, estemos tentados de buscar escapatorias para salir corriendo. Por ejemplo, alguno podría decir que Jesús es producto de su cultura, así que su enseñanza se adapta a un tiempo y lugar determinado, por lo que deja de ser válida para nosotros. Esto es una verdad a medias. Por supuesto que Jesús era un hombre judío que vivió en el siglo primero, por lo que reflejaba aspectos culturales de su tiempo; pero también es el mismo Dios eterno, que no obedece a límites temporales. Como Dios, sus enseñanzas no están condicionadas por la cultura. Él formó, más bien, la cultura judía. Es conveniente recordar que el modo de vida que Dios reveló a los judíos era, en muchos sentidos, contracultural, incluso para ellos mismos. Constantemente sentían la tentación de abandonarlo y de rendirse a las presiones de las culturas de su alrededor. Dios enseñaba a los judíos y Jesús estaba enseñando al mundo un modo universal de amor que trascendía las culturas. Si Jesús es el Hijo de Dios, entonces no puede y no debe ser ignorado o considerado irrelevante para nuestro tiempo y nuestra cultura. Las enseñanzas de Jesús acerca de que la unión sexual es solo para el matrimonio y acerca del plan de Dios para el matrimonio, que, desde el principio, es entre hombre y mujer, también nos concierne. Es parte del legado permanente que Jesús vino a enseñar.

Este es otro pretexto frecuente que algunos intentan usar: la gente siempre encuentra maneras de interpretar las Escrituras de manera que encaje con sus ideas y con su modo de vida. Tuve un interesante intercambio de correos con un chico que había crecido en una familia católica. Cuando tenía veintisiete años, empezó a vivir abiertamente «un estilo de vida gay». En uno de sus correos, me desafió así: «Si me enseñas en qué parte de la Biblia prohibió Jesús las relaciones sexuales entre personas del mismo sexo, lo creeré». Al parecer, san Pablo no le bastaba. En el mismo mensaje, me dijo que tampoco estaba de acuerdo con la doctrina de la Iglesia sobre el divorcio y la posibilidad de volver a casarse. Sus padres se habían divorciado y los dos se habían vuelto a casar. Los dos estaban mucho más felices en su segundo matrimonio. Este chico pensaba que lo que enseñaba la Iglesia al respecto era muy estricto y delataba cierta falta de compasión genuina por su parte. Puesto que fundamentaba su idea de que los actos homosexuales eran legítimos en el silencio de Jesús al respecto, le hice la siguiente pregunta sobre el divorcio y la posibilidad de casarse por segunda vez.

«Si te muestro dónde, exactamente, Jesús prohíbe el matrimonio y la posibilidad de volver a casarse, ¿lo creerás?». Él accedió, así que le mostré dónde Jesús prohíbe estrictamente el divorcio:

> Se acercaron a Jesús unos fariseos y le preguntaron, para ponerlo a prueba: «¿Es lícito a un hombre repudiar a su mujer por cualquier motivo?». Él les respondió: «¿No habéis leído que el Creador, en el principio, los creó

> hombre y mujer, y dijo: "Por eso dejará el hombre a su padre y a su madre, y se unirá a su mujer, y serán los dos una sola carne"? De modo que ya no son dos, sino una sola carne. Pues lo que Dios ha unido, que no lo separe el hombre». Ellos insistieron: «¿Y por qué mandó Moisés darle acta de divorcio y repudiarla?». Él les contestó: «Por la dureza de vuestro corazón os permitió Moisés repudiar a vuestras mujeres; pero, al principio, no era así» (Mt 19,3-8; cf. también Mc 10,11; Lc 16,18).

Además, san Pablo hace referencia a esta enseñanza de Jesús:

> Que la mujer no se separe del marido; pero si se separa, que permanezca sin casarse o que se reconcilie con el marido; y que el marido no repudie a la mujer (1 Cor 7,10-11).

> De hecho, la mujer casada se debe por ley a su marido mientras este vive; pero si muere el marido, queda liberada de la ley del marido. De modo que, mientras vive el marido, es considerada adúltera si se une a otro hombre; pero si muere el marido, queda libre de la ley, de manera que no es adúltera si se une a otro hombre (Rom 7,2-3).

Aun así, incluso después de haberle mostrado una prueba tan clara de lo que Jesús sí enseñó acerca del divorcio y de la posibilidad de volverse a casar, el chico se negó a aceptarlo. En vez de eso, mencionó que algunos estudiosos de la Biblia habían encontrado la forma de rechazar las enseñanzas de Cristo porque «no significan lo que la gente cree que significan».

Creo que este ejemplo habla por sí solo y me recuerda mi propia experiencia. Sé que hay momentos en los que me enfrento a algún aspecto difícil de la enseñanza de Jesucristo, y entonces quiero encontrar una escapatoria para salir. Pero, cuando lo hago, ¿qué estoy haciendo en realidad? Con mis palabras digo: «Jesús, estoy dispuesto a seguirte». En cambio, con mis acciones, le digo que prefiero seguir mi propio camino.

5. ¿A la carta?

Algunos podrían decir que muchas de las normas escritas en la Biblia, especialmente en el Antiguo Testamento, ya no tienen validez. Por ejemplo, el Antiguo Testamento enseña que los hombres no deben recortarse las patillas y que los adúlteros deben ser apedreados. Dicho esto, todos estamos de acuerdo en que estas leyes ya no se aplican. Esta afirmación es interesante, y tiene su origen en la manera en que leemos la Biblia. Como apuntaba el papa Benedicto XVI en su libro *Jesús de Nazaret*, hay al menos dos diferentes tipos de normas en el Antiguo Testamento: las del derecho apodíctico y las del derecho casuístico[44].

En general, las normas apodícticas son aquellos preceptos morales que son siempre veraces sin importar tiempo, lugar ni persona. Son esas ocasiones en las que Dios declara una ley moral universal, como «no matarás» o «no robarás». Por otro lado, las leyes casuísticas son aquellas que se basan en casos. El libro del Levítico contiene algunos ejemplos. Uno de ellos es que, según el Levítico, «el

---

44 BENEDICTO XVI, *Jesus of Nazareth: from the baptism in the Jordan to the transfiguration* (Doubleday Nueva York 2007) 123-127 [(trad. esp. *Jesús de Nazaret: desde el bautismo a la transfiguración* (La Esfera de los Libros, Madrid 2008)].

que maldiga a su padre o a su madre, morirá irremisiblemente» (Lev 20,9) o «si un hombre comete adulterio con la mujer de su prójimo, serán castigados con la muerte: el adúltero y la adúltera» (Lev 20,10). En estos dos casos, los severos castigos penales establecidos para los que violaban estas leyes ya no están en vigor, pero los mandamientos subyacentes que condenan tales acciones —«honrarás a tu padre y a tu madre» y «no cometerás adulterio»— sí permanecen. Siguen siendo pecados graves que pueden conducir a la muerte espiritual de la persona.

Las leyes apodícticas, por su naturaleza, están hechas para perdurar más allá de un tiempo o cultura particular. Las leyes casuísticas están, por su propia naturaleza, ancladas en un tiempo determinado y en una cultura determinada.

Otra manera de abordar esta cuestión es advirtiendo que hay, aproximadamente, tres tipos de leyes en el Antiguo Testamento: las leyes pertenecientes al reino israelí, las leyes concernientes al templo y las leyes morales. Las leyes del reino son aquellas que dictan cómo vivir en el reino de Israel. Las leyes del templo son las que enseñan cómo adorar y comportarse en el templo, y las leyes morales son las que marcan la conducta moral, que son ciertas en todo tiempo y lugar, y para toda persona. Ahora bien, ¿por qué consideramos las leyes morales y no las relativas al reino o al templo? La razón principal es que, con Jesucristo, ya se ha cumplido la finalidad del reino de Israel y del templo. Israel ha pasado a ser la Iglesia y los sacrificios del templo llegan a su plenitud en el sacrificio de Cristo, que ahora conmemoramos en la misa. Ni el reino israelí ni el templo existen actualmente en su forma original. Por ello, las leyes que se aplicaban a ellos ya no tienen validez.

Dicho esto, las leyes morales —las normas apodícticas que rigen el comportamiento del ser humano y que están orientadas al bien de la persona— todavía están en vigor, puesto que la naturaleza humana es constante: seguimos estando aquí.

UNA RELACIÓN REAL

Estaba sentado, viendo un vídeo. Me estaba poniendo tenso. Mi hermano pequeño me estaba enseñando un vídeo en Youtube de un hombre que hablaba de su vida. En él, contaba lo mucho que quiso a su novio durante los años que estuvieron juntos. Su historia acabó de manera muy dolorosa: su pareja había muerto al caerse del tejado de un bloque de pisos. La tragedia estaba envuelta en misterio y suscitaba la pregunta de cómo este accidente, aparentemente evitable, había llegado a ocurrir.

Era realmente triste y preocupante. También me inquietaba lo que yo creía que mi hermano intentaba decirme al pedirme ver este vídeo. Mientras contaba lo mucho que le había importado su pareja, el joven iba revelando parte de los sufrimientos que soportaron en su relación; sufrimientos que no fueron provocados por ellos, sino por sus familias, más concretamente, por la de su pareja.

Contó cómo en su propia familia estaban muy contentos por él y les invitaban, a él y su pareja, constantemente. Sus sobrinos los acogieron con los brazos abiertos.

La familia de su pareja, por el contrario, reaccionó de manera muy diferente y más violenta. Básicamente, ante la noticia de que su hijo estaba saliendo con otro hombre, dijeron: «Si vuelves por aquí con tu pareja, os recibiremos con una escopeta». Incluso después de la trágica muerte de su hijo, le amenazaron y le prohibieron estar en su funeral. Hasta le amenazaron de muerte si aparecía por allí.

Mientras veía el video, estaba tenso porque no estaba seguro de qué decir. En primer lugar, se trataba de la trágica historia de dos hombres que se querían y que cuidaban el uno del otro. Por supuesto, también incluía el hecho de que se identificaban como gais, lo que implicaba una gran carga emocional, obviamente. Quiero a mi hermano, el mismo que me estaba enseñando el vídeo, y parecía que intentaba decirme que esta era la vida que quería llevar. Está claro que este tipo de cosas son emotivas para todos los involucrados y para todos los que se preocupan por la persona en cuestión. En segundo lugar, y más importante para mí en ese momento, no sabía qué se me estaba pidiendo. A veces, una persona comparte una historia porque le toca el corazón o porque intenta comunicar algo que ha vivido. En esos casos, uno puede hacerse una idea del sufrimiento que muchos tienen que soportar al «salir del armario».

No obstante, en otras ocasiones simplemente te enseñan algo para preguntarte enseguida al respecto. Cuando terminó el vídeo, mi hermano se volvió a mí y me preguntó: «Bueno, ¿qué te parece?». De primeras, no sabía qué decir; no porque no me hubiera emocionado la historia que acababa de visualizar y no porque me hiciera cuestionar mis creencias, sino porque no estaba seguro de lo que quería preguntar mi hermano.

Y entonces, de repente, lo tuve claro: quería saber qué respuesta le iba a dar yo a él. En el vídeo, aparecían dos respuestas claras y muy diferentes entre sí. La primera era la de la familia del hombre del vídeo: «Te queremos y te aceptamos». La segunda era la de la familia de su pareja: «Nos das asco y te rechazamos». Por eso mismo estaba tenso, porque solo me daba dos opciones: o bien lo aceptaba a él y todas sus decisiones, o lo odiaba.

Le pregunté: «¿Esas son mis únicas opciones?». He preguntado esto a muchos. ¿Son la aceptación sin reservas o el odio mis únicas opciones? Al tratar con personas de todas las edades, me he dado cuenta de que todos y cada uno de nosotros desea ser aceptado.

Casi todos tememos el rechazo y deseamos que los demás nos acepten. De una forma u otra, estamos hechos los unos para los otros, estamos hechos para relacionarnos con los demás. Por ello, es lógico que uno de los mayores sufrimientos que podemos llegar a experimentar a nivel emocional y espiritual es el rechazo. Por otra parte, una de las cosas que nos puede hacer sentir amados, seguros de nosotros mismos y más auténticos es saber que los que nos rodean nos aceptan.

Pero tenemos que tener cuidado. Por un lado, con esto no queremos decir que las malas acciones deberían ser aceptadas como buenas o neutrales, aunque la sociedad en general lo crea así. El que algo sea bueno o neutro no se determina mediante una votación o una encuesta popular. Por otro lado, tenemos que procurar que, al rechazar las malas acciones, no rechacemos a las personas que las cometen, sobre todo si son personas que quizá ya han sido marginadas.

Me acuerdo de una chica llamada Emily. Creció en una familia católica y quería con todo su corazón a Jesús y a la Iglesia. Participaba mucho en las actividades del grupo juvenil. Es una chica súper graciosa y con mucho talento. Cuando Emily estaba en su penúltimo año de instituto, dijo que era lesbiana. Su familia la siguió queriendo como siempre (e incluso celebraron su homosexualidad); la respuesta de su parroquia se centró en asegurarse de que ella supiera que no debía actuar obedeciendo a su atracción sexual. Siendo justos, esta es una de las misiones más importantes de la Iglesia. De hecho, es una obra de misericordia, una expresión de amor, enseñar a las personas cómo vivir de manera que puedan crecer en su amistad con Dios, ser lo más felices que puedan en este mundo y llegar a la felicidad eterna una vez que este pase. Pero, al mirar atrás, creo que Emily podría haber recibido un acompañamiento pastoral mejor.

Como muchos jóvenes que experimentan atracción por el mismo sexo, Emily se había enfrentado a cierto nivel de vergüenza y de culpabilidad debido a su sexualidad. Aunque en ese momento no había actuado obedeciendo a su atracción, se veía a sí misma como demasiado diferente de los demás chicos de la parroquia. Creía que tenía que ocultar esta parte tan importante y profunda de su vida.

Cuando «salió del armario», ni su párroco ni los demás sacerdotes ni los encargados de la pastoral juvenil la rechazaron. Al contrario, estaban disponibles para ella y siguieron hablando con ella con regularidad. Uno de los problemas era que, cada vez que le hablaban de la enseñanza de la Iglesia sobre este tema, ella interpretaba sus palabras y sus actos como si la estuvieran echando. Esta anécdota subraya el dilema al que nos enfrentamos cuando abordamos esta cuestión en verdad y amor.

1. ¡No queremos echar a nadie!

Aborto. Divorcio. Atracción por el mismo sexo. Estos son mis temas favoritos sobre los que predicar. De verdad, me muero por subirme al ambón e intentar resumir las enseñanzas de la Iglesia sobre estos temas polémicos en quince minutos o menos. Es tan divertido y me hace tan feliz... Cuando veo que la gente empieza a acalorarse, sabiendo que, sin querer, quizá les esté incomodando (o, aún mejor, hiriendo sus sentimientos), me da mucha alegría...

Por supuesto, estoy siendo sarcástico. Aunque me apasiona predicar la verdad de Jesús, es todo un reto hablar sobre temas controvertidos como estos. Por eso, cuando tengo que abordar una de estas cuestiones tan difíciles, me esfuerzo por tener siempre en mente quiénes van a recibir mis palabras. No importa lo cuidadoso o delicado que sea, al final siempre viene alguien a verme después de misa o de una charla y me dice algo así: «Padre, no debería hablar sobre estos temas tan controvertidos. Al fin y al cabo, usted no quiere echar a nadie».

A menudo, quiero parar a esa persona y preguntarle: «Pero ¿has oído lo que he dicho? He dicho claramente que las mujeres que han sufrido un aborto tienen a un Dios que les perdona y que sana sus corazones. He dicho claramente que Dios conoce todo sobre la ruptura de tu matrimonio y sobre tu corazón destrozado, y te puede sanar. Creía que había dejado claro que toda persona con atracción por el mismo sexo tiene en la Iglesia su casa».

No sé cuántas veces me han malentendido al predicar sobre estos temas. Sin duda, parte de la culpa la tengo yo. No soy perfecto hablando sobre cuestiones delicadas, y me culpo a mí mismo por mis propias limitaciones. Pero parece que hay algo más. En cualquier caso, cuando abordo temas delicados, casi siempre hay alguien que malinterpreta mis palabras.

Este malentendido podría tener muchas causas. Por ejemplo, los temas delicados requieren un equilibrio entre la caridad y la verdad. Tales temas son, en general, profundamente complejos y es difícil encontrar las palabras adecuadas. Además, en nuestra sociedad actual, a menudo entendemos las mismas palabras de manera diferente. Un sacerdote o un catequista podría estar usando un término entendible en su debido contexto teológico, pero otros podrían captar un significado diferente.

Sin embargo, me parece que la razón principal por la que se dan malentendidos tan a menudo —y la razón por la que se considera que hablar sobre estos temas aleja a la gente— estriba en un problema de interpretación.

No es por menospreciar el rechazo real o la discriminación injusta que muchos sufren. Estas situaciones son más que una realidad. Me refiero, más bien, a esas ocasiones en las que el sentimiento de rechazo es fruto de una percepción equivocada.

2. La interpretación

Primero está la acción y, luego, nuestra interpretación de la acción. Las personas tienen sus propias motivaciones que las llevan a actuar de diferentes maneras, y normalmente saben la razón por la que eligen hacerlo. Y eso es algo que deberíamos tener en cuenta; aunque a veces se pueden autoengañar respecto a sus motivaciones.

Pero ese no es el único elemento en juego. También damos a la acción nuestra propia interpretación, una interpretación que es producto de nuestra historia. Estoy seguro de que todos los que se han criado en una familia pueden entender la situación en la que uno hace un comentario aparentemente inofensivo a otro de la familia. Si eres una persona ajena que pasa por allí, podrías pensar: «Bueno, sí, pues vale». Pero este comentario aparentemente inofensivo podría interpretarse como algo mucho más insultante o cruel a la luz de experiencias pasadas.

Nuestra visión del mundo está determinada por nuestras experiencias vitales y nuestra interpretación de lo que nos pasa. Cuando era niño, tenía lo que amablemente llamaban una sonrisa con dientes separados. Mis dientes eran un desastre. Pero ni siquiera me llegaron a preocupar.

Nunca. ¿Por qué no? Echando la vista atrás, creo que mi sonrisa no me acomplejaba porque a menudo halagaban precisamente esa parte de mí. Me acuerdo de que algunos se me acercaban y me decían lo mucho que les gustaba mi sonrisa. Por eso mismo, nunca pensé que fuera un problema, por todos estos halagos que recibía. Ni siquiera tenía la impresión de que esta sonrisa me hiciera parecer algo ridículo. Ahora bien, otras partes de mi cuerpo, curiosamente, me hacían sentir inseguro. Algunas de estas inseguridades vienen de algo que alguien dijo una vez. Ese único comentario, por alguna razón, cambió totalmente cómo yo percibía esas partes de mí mismo.

Lo mismo ocurre con las relaciones. Lo vemos diariamente. Cuando estás en una relación en la que sabes que la otra persona o las otras personas te quieren y te respetan, es relativamente fácil interpretar sus acciones desde ese ángulo. Imagina que un amigo hace un cambio de planes a última hora y no puede salir contigo. Si sabes que tu amigo te quiere y te respeta, es probable que interpretes este cambio de planes de la mejor manera posible. Darás por sentado que debe tener una buena razón para haberlo cancelado. O si sabías que, de vez en cuando, tu amigo era un irresponsable, lo atribuirás a su falta de compromiso. Pero seguramente no lo considerarás como un rechazo personal.

Teniendo todo esto en mente, queda más claro por qué muchas personas con atracción por el mismo sexo son sensibles a todo rechazo o incluso a lo que solo lo parece. A su vez, los demás deberían ser conscientes de que sus palabras y acciones se podrían interpretar como un rechazo. No es porque haya que sobreproteger a ningún grupo, sino porque las personas con atracción al mismo sexo a menudo se han sentido avergonzadas y rechazadas —ya sea como resultado de su sensación de estar heridos en su sexualidad, o como resultado de ataques manifiestos o sutiles que han sufrido por parte de los demás—. En cualquier caso, como consecuencia, a menudo estas personas se han visto excluidas.

Para aquellos acostumbrados a dar por sentado que los demás los rechazarían si supieran, la herida provocada por el rechazo afecta enormemente a cómo interpretan las palabras y acciones de los demás. Para aquellos que no han vivido esta experiencia en concreto, puede ser útil recordar experiencias similares en su vida que han marcado cómo interpretan las palabras y acciones de los demás.

3. Tengamos una relación de verdad

Hace poco, un joven llamado Danny compartió conmigo parte de su experiencia como católico con atracción por el mismo sexo. Danny se crio en una familia cristiana. No es solo su familia la que estaba involucrada en su parroquia, sino que además Danny participaba en retiros, campamentos y otras actividades de la pastoral juvenil que se proponían. Acabó siendo el responsable de su grupo.

Cuando Danny tenía unos catorce años, empezó a ser cada vez más consciente de que le atraían los chicos. Esta realidad le parecía desgarradora porque quería ser un buen católico y su atracción hacia personas del mismo sexo atormentaba su joven corazón. Tres acontecimientos en la vida de Danny fueron totalmente determinantes.

En primer lugar, ese verano de sus catorce años, hizo un retiro de una semana cuyo objetivo era ayudar a los chicos a aprender a rezar. Esa semana transformó su vida. La oración —el diálogo real con Dios— pasó a ser el centro de la vida espiritual de Danny. Según sus propias palabras,

Danny afirmó: «Cuando sentía que no podía contar con la gente de la Iglesia y cuando ni siquiera yo estaba a gusto conmigo mismo o con lo que sentía, podía dirigirme a Dios en la oración y Él podía recordarme que seguía siendo bueno, que seguía siendo su hijo».

El segundo acontecimiento fue darse cuenta de que su atracción hacia personas del mismo sexo no era una «etapa». No se había confundido. Al principio, esta toma de conciencia le dolió en el alma. Volvía una y otra vez a la oración, suplicando: «Dios mío, por favor, líbrame de esta carga tan pesada. No me hagas sentir esto». Pero el hecho de llegar a reconocer que esos deseos persistían y que no eran simplemente transitorios ayudó a llevarle al tercer acontecimiento.

El tercer vuelco determinante en la vida de Danny tenía que ver con la aceptación. Romano Guardini, un notable maestro de la vida espiritual, fue uno de los gigantes de la fe cristiana del último siglo. En un libro sobre las virtudes, Guardini trata la virtud de la aceptación. No muchos consideran la aceptación como una virtud propiamente dicha. Pero Guardini apunta que es una de las primeras (y la más necesaria) de todas las virtudes. Como respuesta a la pregunta «¿qué tengo que hacer para crecer en la vida moral?», escribe: «Creo, tendríamos que responder, que es la aceptación de lo que es, la aceptación de la realidad, de la tuya y de los que te rodean, del tiempo en el que vives»[45]. Guardini no habla de una sumisión cobarde o de ser pasivos. Desvela lo que implica la verdadera aceptación. Primero, escribe él, uno debe aceptarse a sí mismo:

---

45 Traducción propia del fragmento de ROMANO GUARDINI, *Learning the virtues that lead you to God* (Sophia Institute Press, Manchester 1998) 25-26.

> Porque no soy un hombre en general, sino una persona en particular. Tengo un carácter determinado y no otro, tengo un temperamento en concreto de entre todos los que existen, ciertos puntos fuertes y puntos débiles, posibilidades y limitaciones precisas. Todo esto lo tengo que aceptar y ponerlo como base fundamental de mi vida sobre la que construir[46].

Si no conseguimos esto, no podemos avanzar en la vida espiritual. No tengo necesariamente las mismas fortalezas y las mismas dificultades que los demás. Puede que me esté rebelando contra mis dificultades o menospreciando mis fortalezas, pero, si realmente quiero crecer respetando lo que soy, tengo que aceptar la realidad. Es decir, tengo que aceptarme a mí mismo como realmente soy, no como querría ser. Tengo que reconocer mis limitaciones, mis debilidades y mis fortalezas.

Esto es lo opuesto a aprobar todo y no cambiar nada. La aceptación de la que Guardini habla posibilita la transformación que tanto deseamos. Puedo y debería esforzarme por desarrollarme a mí mismo y mi vida, moldearla y mejorarla. No obstante, primero tengo que admitir lo que existe; si no, todo acabará fallando.

Este acto de aceptación, este enfrentarse a la realidad, tiene dos caras. La primera y más importante es aceptar la identidad fundamental de hijo de Dios, creado para amar, capaz de alcanzar la perfección y la plenitud por la gracia de Dios. Este es el fundamento del crecimiento espiritual. El segundo acto de aceptación es ser sincero y claro sobre mi estado actual: de qué estoy hecho, qué experiencias he tenido que me han marcado, cómo la herida que todo ser

---

46 *Ibid.*, 27.

humano caído siente se manifiesta en mi vida. Si no hago el primer acto de aceptación de mi identidad verdadera en Cristo, me perderé en el caos de las distintas identidades que se arremolinan en mí. Si no paso por el segundo acto de aceptación de mi estado actual, no me enfrentaré a la realidad y mi relación con Dios se fundamentará en una ilusión.

Para Guardini, la aceptación no es lo mismo que la resignación. La resignación es normalmente el punto final, es donde me detengo. Si me resigno ante mi destino, quizá me esté dando permiso para dejar de avanzar. Pero cuando estoy dispuesto a aceptarme a mí mismo y mis circunstancias es cuando realmente puedo empezar.

En su libro *El hacha*, Gary Paulsen cuenta la historia de un niño de trece años llamado Brian Robeson, cuyo avión se estrella en mitad de una zona inhabitada del norte de Canadá. Hay un momento crítico en la historia de Brian en la que se da cuenta de dónde está, lo lejos que está de su casa, y lo que debe hacer para sobrevivir. Esta realidad le angustió, y empezó a llorar. Así lo describe Paulsen:

> Después de haberse sentado solo en la oscuridad y de haber llorado, después de haberse rendido, rendido totalmente, nada había cambiado. Aún le dolía la pierna, aún estaba oscuro, aún estaba solo y con la autocompasión no había conseguido nada. No sabía durante cuánto tiempo había estado así, pero después recordó ese momento en el que había llorado en un rincón de la oscura cueva y pensó que fue entonces cuando aprendió la lección más importante para sobrevivir, que consistía en que compadecerse de sí mismo no funciona. No era simplemente que estuviera mal hacerlo, o que se considerara

incorrecto. Era más que eso; es que no funcionaba[47].

Brian aceptó su situación. Luchar contra la realidad no funciona. Negar la situación en la que uno se encuentra no ayuda. Al mismo tiempo, Brian no se resignó ante su destino. Resignarse significa: «Ahora tengo permiso para dejar de avanzar, para dejar de intentarlo». Aceptar significa: «Reconozco y acepto lo que soy y dónde estoy. Sabiendo esto y aceptándolo, estoy listo para seguir adelante».

Guardini escribe:

> Por supuesto, podemos cambiar y mejorar muchas cosas y moldearlas según nuestros deseos, sobre todo si los definimos y si la persona que se lo propone lo hace con firmeza. Básicamente, las tendencias que han surgido de nuestros primeros años de vida permanecen y determinan lo que sigue. Los psicólogos afirman que las características fundamentales de un niño quedan fijadas al final de su tercer o cuarto año. Estas les acompañarán en el futuro, al igual que la influencia que las personas de su alrededor, el grupo social, la ciudad y el país han ejercido sobre él[48].

Por último, Guardini señala que tenemos que aceptar nuestra meta. Como señalamos previamente, la meta no es lo mismo que el destino. El destino es algo que no cambia. Niega la idea de que tenemos libre albedrío. Sin embargo, tener una meta significa que la persona tiene un

---

47 Traducción propia del original GARY PAULSEN, *Hatchet* (Nueva York: Simon and Schuster, 1987) 79 [ed. esp. *El hacha* (Noguer Ediciones, Madrid 2011)].

48 Traducción propia del fragmento de ROMANO GUARDINI, *Learning the virtues that lead you to god* (Sophia Institute Press, Manchester 1998) 29.

propósito. Hay un lugar, más allá de este lugar para el que fue creada una persona. Esta es la meta por la que decidimos dar nuestra vida. Piensa en el chico de *El hacha* que tuvo que aceptarse a sí mismo, su situación y el hecho de que tenía un sitio adonde ir. La aceptación de su meta fue lo que le llevó a salir de la autocompasión y la desesperanza y le impulsó a empezar su camino a casa.

El momento de aceptación de Danny tuvo lugar cuando estaba en una adoración, cuando tenía dieciséis años. Había estado rezándole a Dios para que le librara de su atracción por el mismo sexo. Pero, entonces, cuando miró a Jesús en el Santísimo Sacramento, algo se movió en él. En ese momento, dijo al Señor: «Dios mío, este soy yo. Sé que tú me aceptas y me quieres a mí».

Estos tres acontecimientos transformaron la vida de Danny. Sin su devoción por la oración y sin la aceptación sincera de sí mismo, sus circunstancias y su meta, no habría sido capaz de seguir adelante como hombre católico con atracción hacia el mismo sexo. Él continuó su camino como célibe. Para Danny, saber que Dios lo acepta y lo ama no es lo mismo que pensar que Dios tolera todas sus acciones. Danny decidió aceptar la llamada de Dios a expresar su amor de una manera diferente a la actividad sexual.

Este es el tipo de aceptación que todos nosotros estamos llamados a acoger. Sea cual sea la situación en la que nos encontremos, las fortalezas y debilidades que cada uno tengamos, tenemos que aceptar la verdad sobre nosotros mismos —tanto la alta meta a la que se nos llama como nuestras heridas presentes — y seguir adelante. Aceptar estas realidades es el requisito para ser transformados y cambiados cada vez más verdaderamente a imagen de Dios. Esto es tener una relación real con Dios. Si no dejo que Dios me encuentre y me ame tal y como soy ahora mismo, nunca dejaré que Dios se encuentre conmigo y me ame, porque Dios solo trata con realidades, no con ilusiones. Siempre debo aceptar la verdad de lo que soy, para así estar abierto a las posibilidades que Dios me puede ayudar a alcanzar.

Cuando mi hermano me enseñó el vídeo del hombre con atracción por el mismo sexo que perdió a su pareja, creo que lo que estaba buscando era aceptación (no de sí mismo, sino de mí); estaba intentando ver si yo podría tratarle tal y como es. Y yo acepté y acogí totalmente a mi hermano. Acepto el hecho de que se identifica como gay. Cuando lo abrazo, estoy abrazando a un hombre que se considera gay. Pero, por supuesto, esto no es lo mismo que estar de acuerdo con todas las decisiones que toma. Del mismo modo, él puede quererme y no estar de acuerdo con todas las decisiones que yo tomo, porque nuestra relación es una relación de verdad.

Tal y como dijo mi padre cuando mi hermano anunció que era gay: «Ningún buen padre acepta todas y cada una de las decisiones de su hijo». Y añadió: «Algunos padres sí, pero ningún buen padre lo hace».

PREGUNTAS Y RESPUESTAS

El sentido común es tan poco común hoy en día que debería considerarse un superpoder.
Anónimo

A lo largo de mi apostolado, a menudo, muchos padres me han pedido hablar sobre cómo deberían actuar si su hijo o su hija les dice que es gay o lesbiana.

Desgraciadamente, a veces hay padres que se distancian de algún hijo o de algún otro familiar con atracción por el mismo sexo que se declara gay o lesbiana. A veces, incluso hay familias que echan a su hijo de casa. Aún peor, algunas familias dicen: «Mira, somos cristianos. Esta es una familia cristiana. Este no es tu lugar». Esto contradice el mensaje de Cristo.

El mensaje de Cristo, y el mensaje de la Iglesia católica, es el siguiente: este sí es tu lugar; esta es tu familia, nunca te vamos a echar.

Ahora bien, algunas personas dejan su iglesia, pero nosotros nunca las echaremos. Algunos se van, pero nosotros nunca los echaremos. Otros huyen, pero nosotros nunca los echaremos. Siempre pueden volver a casa. Este es el mensaje.

A veces, algunas familias plantean preguntas cuyas respuestas son de sentido común; pero, como son preguntas que incluyen el tema de la atracción por el mismo sexo, tiran el sentido común por la ventana. Hay familias que, erróneamente, piensan que estos temas son casos especiales en los que no se puede aplicar el sentido común.

No es así: el sentido común se aplica. Estas situaciones no implican que las reglas se vuelvan papel mojado. No significa que haya que decir: «Ah, como dices que eres gay, ya no tienes que obedecer las reglas de esta casa». O que haya que decir: «Ah, en este caso, no puedo pedirte que respetes los deseos de mi familia». El respeto debe ser mutuo. En las familias y en la Iglesia, debemos respetar a nuestros hermanos que sienten esta atracción. Pero es igualmente razonable esperar que ellos nos respeten a nosotros.

Teniendo este principio del sentido común como base, continuemos con algunas preguntas frecuentes.

1. Pregunta: mi hijo quiere invitar a su novio a casa por Navidad. ¿Qué debo hacer?

Recuerdo haber escuchado a alguien, años atrás, hacer esta pregunta al padre John Harvey, fundador de Courage[49]. Él respondió: «Bueno, ¡pues invítalos a los dos!». Lo que quería decir es que, puesto que esta persona forma parte de la vida de tu hijo y es obviamente muy importante para él, una ocasión especial como la Navidad ofrece una buena oportunidad para demostrarle respeto y poder conocerle[50]. Muchas familias abren las puertas de su casa a amigos y vecinos durante estas ocasiones especiales, también los días de fiesta.

---

49 Courage es un apostolado de la Iglesia católica para hombres y mujeres que sienten atracción hacia personas del mismo sexo. Fundado por el padre John Harvey a petición del cardenal Terence Cooke, Courage invita a hombres y mujeres con atracción hacia personas del mismo sexo a vivir con autenticidad el amor y la amistad como discípulos de Jesucristo dentro de la Iglesia católica. Visita su página web www.couragerc.org (disponible en español).

50 Cf. John F. Harvey - Gerard V. Bradley, *Same sex attraction: a parent's guide* (St. Agustine's Press, South Bend 2003) 202-203.

No obstante, al padre Harvey le preocupaba, como a muchos padres, que en esta situación se les envíe un mensaje contradictorio a sus hijos. Ya hemos tratado en profundidad cómo las relaciones entre personas del mismo sexo no forman parte del plan de Dios para la sexualidad y que por eso ni la Iglesia ni ningún cristiano puede aplaudir el hecho de que dos personas del mismo sexo vivan y actúen como una pareja en una relación sentimental. Esto no es solo una opinión que como padres tenéis que creer. Esta es una parte importante de la fe, que afecta a tu vida, y tú tienes la responsabilidad de transmitírsela a tus hijos.

Algunos de los que se consideran gais o lesbianas se sienten profundamente aislados y alejados incluso de aquellos que deberían amarlos más. Lo último que un padre quiere es hacer que su hijo no se sienta bien recibido. Tu hijo debería ser siempre bienvenido en tu casa y, en ocasiones especiales, puede ser importante dar la bienvenida a su pareja también.

Al mismo tiempo, dar una bienvenida de verdad significa mucho más que mostrarse amables y cercanos; también significa decir la verdad desde el amor, incluso si esa verdad es «te quiero muchísimo, pero creo que te estás equivocando». La fe, el centro de tu familia, no es solo algo sobre lo que reflexionar: requiere una respuesta por nuestra parte. Damos una respuesta cuando vivimos conforme a la moral, adhiriéndonos al plan de Dios y esforzándonos por seguirlo. Así que, si tu hijo trae a casa a su pareja en una ocasión especial y esto implica pasar la noche, debes dejar claro que dormirán en habitaciones separadas.

Es necesario ser coherente; si no, tu hijo o hija se sentirá señalado. Mi familia lidiaba con estas situaciones sin problema: si un miembro de la familia anunciaba que era gay y quería traer a su novio a casa, mis padres trataban el tema con sencillez, porque ya tenían unas expectativas claras para el resto de miembros de la familia. Si un hermano, un primo, un sobrino o una sobrina venía de visita, siempre se aplicaba la misma regla: «Vale, ¿has venido con tu pareja? Estupendo, dormís en habitaciones separadas». Como padres, esto es lo que se debería esperar de todos tus hijos que no estén casados, sea su pareja del sexo opuesto o del mismo.

2. Pregunta: mi hija ha vuelto a casa después de su primer semestre en la universidad y nos ha dicho que es lesbiana. ¿Qué hago?

Estas son mis recomendaciones. En primer lugar, no entres en pánico. Tu hija te ha dado a conocer una parte muy íntima de su vida, y seguramente se tuvo que armar de valor para abrirse a ti. Mantén la calma, reafírmala en su decisión de confiarte esa parte tan importante de su vida y asegúrale que tu amor por ella no va a cambiar.

En segundo lugar, y esto es muy importante, escúchala. Escucha lo que dice; escucha sus vivencias. Como dice el papa Francisco: «En la vida, Dios acompaña a las personas, y nosotros tenemos que acompañarlas, desde donde se encuentran»[51]. Cuando dejas que tu hija tome su tiempo para contar su historia, tanto tú como ella podéis empezar a entender con más claridad su perspectiva y qué es lo que busca.

Es normal que te preocupe lo que oyes, y también el hecho de que esta novedad pueda cambiar tus ideas sobre

---

51 Traducción propia del fragmento de ANTONIO SPADARO, «A big heart open to god: an interview with pope Francis»: *America* (30 de septiembre de 2013): https://www.americamagazine.org/faith/2013/09/30/big-heart-open-god-interview-pope-francis

cómo es la vida de tu hija y cómo será su futuro. Pero te aconsejo que resistas la tentación de echarle un sermón o de corregir su manera de pensar en ese mismo momento. Evita que tenga la impresión de que la estás interrogando: «Un momento. ¿Estás segura? ¿Cómo puedes saberlo?». En lugar de esto, tómate el tiempo necesario para escucharla y entender su visión de las cosas.

Lo tercero que quiero proponer es que no intentes «arreglarla». Muchos padres, al enterarse de que su hijo siente atracción por el mismo sexo, se preguntan: «¿Y ahora qué hago? ¿Cómo puedo conseguir que mi hijo deje de sentir esto?». Tu responsabilidad no es «arreglar» a tu hijo. Tampoco es muy provechoso, al menos en este momento inicial, concentrarse en preguntas como: «¿Cuál es la causa de esto? ¿Por qué ha pasado? ¿Es por mi culpa?».

Luego, te recomiendo que apruebes todo lo que puedas aprobar sin comprometer tu fe. Quizá tu hija te diga algo así: «Soy lesbiana, y tengo una amiga fantástica. Ahora estamos saliendo, y es que me entiende perfectamente. Hablamos mucho; es muy graciosa. Me anima constantemente, y nos ayudamos la una a la otra».

Si ahí ves los fundamentos de una auténtica amistad, ¡reconócelo! La amistad es un tipo de amor distinto al sexual, por supuesto, pero al dejar a tu hija hablar sobre su relación, puedes ayudarla a ver la diferencia. Las relaciones íntimas entre personas del mismo sexo están siempre mal. Los sentimientos que llevan a que la relación sea sexual no son apropiados en una relación de amistad auténtica (de hecho, hacen más difícil que esta se llegue a dar). Pero, si la amistad echa raíces, puede ser una gran ayuda a la hora de vivir conforme a la moral. Como la Conferencia Episcopal de Estados Unidos afirmó: «Las verdaderas amistades no se oponen a la castidad, ni la castidad inhibe la amistad. De hecho, las virtudes de la amistad y de la castidad se ordenan mutuamente»[52].

Por último, intenta encontrar el momento de comunicarle, desde la perspectiva de la fe, el amor que Dios le tiene y el plan que ha preparado para ella. Quizá tu primera conversación con ella no sea el mejor momento para dar una catequesis completa sobre la sexualidad y la castidad. Esa parte de la conversación la puedes dejar para más tarde. Pero sí es muy importante que asegures a tu hija que no solo no has dejado de quererla, sino que además ella es y será siempre hija amada de Dios Padre. Hazle saber que tu preocupación acerca de su decisión o de su futuro nacen de tu convicción de que Dios la ha creado con un propósito; que Dios tiene un plan para su cuerpo y su alma, para su sexualidad y sus relaciones; que, al fin y al cabo, la felicidad y la santidad son lo mismo, y que seguir el plan de Dios para nuestras vidas es lo que realmente nos satisface. Hazle saber que siempre rezarás para que Dios le muestre su amor y para que acoja el plan que Dios tiene para ella más plenamente.

Por supuesto, puede ser que tu hija intente que des tu visto bueno a la relación. Es comprensible. Dicho esto, no creas que aprobar todo lo que puedes significa que tienes que estar de acuerdo con todo lo que ella cree que es bueno en su relación o estar de acuerdo con todas sus decisiones. Quizá necesites buscar las palabras para expresar que entiendes lo que piensa de su relación, que la quieres pase lo que pase, y que tienes la esperanza de que entienda que quererla no significa estar de acuerdo en todo lo que deci-

52 Conferencia Episcopal de los Estados Unidos, *Ministry to persons with a homosexual inclination: guidelines for pastoral care* (Washington D.F., 2016) 11; [ed. esp. *Ministerio a las personas con inclinación homosexual: directrices para la atención pastoral* (Washington, D. C., 2016) 12].

de o en todo lo que piensa, al igual que el hecho de que ella te quiera a ti tampoco quiere decir que tenga que estar de acuerdo contigo en todo.

3. Pregunta: me culpabilizo una y otra vez por el hecho de que mi hijo es gay. ¿Hice algo mal en la manera de educarlo?

Cuando estamos disgustados, es normal buscar a alguien o algo a lo que culpar: «¿Por qué ha pasado esto?». «¿Cómo ha podido suceder?». Buscamos algo sobre lo que concentrarnos, para así poder arreglar algo. Pero a los padres no les corresponde «arreglar» una situación como esta.

También es comprensible que los padres se miren a sí mismos para intentar entender lo que ellos ven como un problema con sus hijos. Pero, en este caso, esto no va a servir de mucho.

No sabemos cuál es la raíz de la atracción hacia personas del mismo sexo. Algunos afirman que tiene una base genética. Otros piensan que es un trastorno del desarrollo. Otros lo relacionan con experiencias traumáticas en la infancia. Unos pocos describen la atracción hacia el mismo sexo como una elección, pero muchas personas que la experimentan niegan haberlo elegido. Por supuesto, sea cual sea la explicación, no quiere decir que haya que actuar obedeciendo a esta atracción, al igual que tampoco deberíamos actuar dejándonos llevar por otras atracciones o inclinaciones simplemente porque no las hayamos elegido.

Muchos hombres y mujeres que sienten esta atracción no recuerdan un momento en el que no se hayan sentido así o, al menos, en el que no se hayan sentido diferentes. Otros asocian su atracción con alguna experiencia. Quizá tenían una relación muy estrecha con alguien del mismo sexo y, entonces, esa cercanía, esa intimidad se acabó sexualizando. También conozco algunos que empezaron a tener relaciones con personas del mismo sexo como resultado de un abuso, pero esa es otra historia. Puede que haya algunos acontecimientos o actitudes que contribuyan a que la persona se sienta atraída sexualmente por otros del mismo sexo. Pero, como padre, no es necesario que examines cada una de estas teorías e hipótesis sobre la causa de esta atracción de tu hijo. En este momento, tu tarea es amar a Dios y amar a tu hijo.

4. Pregunta: hace poco, nuestro hijo nos ha dicho que es gay. Le queremos, y queremos recordarle que es bienvenido en casa, pero nos preocupa que esta situación confunda a sus hermanos pequeños.

En primer lugar, es bueno que hayáis dejado claro a vuestro hijo que lo queréis, que es bienvenido y que es parte de la familia.

En segundo lugar, hacéis bien en preocuparos por todos vuestros hijos. Puede que el resto de vuestros hijos corran el peligro de quedar confundidos. Alguno de ellos, o quizá todos, no sean lo suficientemente maduros como para reaccionar de manera apropiada al hecho de que vuestro hijo se sienta atraído por personas del mismo sexo. Tal vez no tengan la capacidad de hacer ciertas distinciones como, por ejemplo: «Queremos a tu hermano, pero no estamos de acuerdo con todas sus elecciones». Esta situación les puede inducir a cuestionar las enseñanzas de la Iglesia respecto a la sexualidad y al matrimonio. Quizá no estén preparados para saber cómo demostrarle amor a su hermano en esta situación. Por eso, sed prudentes a la hora de elegir qué les decís y cómo lo decís.

Depende de la relación que tengáis con vuestro hijo, le podríais preguntar su opinión sobre cómo deberíais afrontar la situación. Probablemente tenga alguna idea de cómo sus hermanos están o pueden estar percibiendo las cosas. Esto también podría ayudar a tratar la cuestión de los sentimientos de aislamiento o rechazo. Puede ser útil incluirle en el proceso de toma de decisiones, siempre que creáis que es capaz de tener una visión más amplia de la situación familiar y que no va a responder solo según lo que él considera que le conviene más.

Él también debe ser capaz de respetar vuestro papel como padres y no ofenderse si, tras escuchar su opinión al respecto, decidís que tenéis que actuar de una manera diferente a la que él desearía. Por una parte, no dejéis el asunto enteramente en las manos de vuestro hijo: al fin y al cabo, sois sus padres, y sois los principales responsables del resto de vuestros hijos. Por otra parte, al hablar con vuestro hijo, estáis incluyéndolo en el proceso. Tenéis la oportunidad de transmitirle que sigue siendo parte de la familia. Si está implicado, incluso si la decisión final es mantener a los hermanos más pequeños al margen de este tema durante un tiempo, lo que vuestro hijo podría haber vivido como un momento de rechazo puede vivirlo como un momento de inclusión.

5. Pregunta: mi hija no deja de decir que no la podemos querer realmente hasta que no la aceptemos y la acojamos como lesbiana.

Tu hija considera que su atracción por el mismo sexo es un elemento fundamental de su identidad. Para ella, no es como si se hubiera teñido el pelo de rosa o como si quisiera empezar a vestirse de otra manera. Concibe su inclinación homosexual como una parte importante de lo que ella es. Por eso, tiende a pensar que el hecho de que aceptéis su lesbianismo es equivalente a que la aceptéis a ella como persona.

Dicho esto, sí podéis aceptar el que vuestra hija sienta esta atracción hacia personas del mismo sexo y también el que considere esta atracción como parte importante de su identidad. Quererla no implica aprobar todo lo que piensa o hace, así como el que ella os quiera a vosotros no implica que tenga que aprobar todo lo que vosotros pensáis o hacéis, como ya he insistido repetidamente en alguna otra parte de este libro.

Una vez, estuve hablando con una mujer llamada Susan, cuyo hermano pequeño, Jack, sentía atracción por el mismo sexo. Susan, a quien sinceramente le traía sin cuidado la orientación sexual de su hermano, le dio este consejo. Dijo: «Cuanto antes asumas que mamá y papá no van a cambiar lo que piensan sobre los actos homosexuales, más feliz serás a largo plazo». Al principio, Jack estaba algo sorprendido, y respondió: «Pero si me quieren, tienen que cambiar su manera de pensar y aceptarme a mí». Susan, para gran mérito suyo, continuó personificando la dulce voz de la razón y dijo: «Jack, en primer lugar, le pides a mamá y a papá que te acepten, pero tú no pareces estar dispuesto a aceptarles a ellos o sus creencias. Y, en segundo lugar, si tú no quieres que intenten cambiarte, entonces no deberías intentar cambiarlos a ellos».

En ese momento, Susan recordó a Jack que él se enfrentaba al reto de aceptar a sus padres con sus creencias cristianas fundamentales, tal y como ellos se encontraban ante el desafío de aceptarlo a él con su experiencia fundamental de sentir atracción por el mismo sexo.

Tu hija quiere mantener su relación contigo y tú quieres mantener tu relación con ella. Pero una relación buena y sana siempre tiene límites. Puedes tener una relación auténtica con tu hija y al mismo tiempo estar en desacuerdo con ella. Puedes esperar de ella que te quiera y que te acepte al igual que ella te pide a ti tu afecto y aceptación. No creo que sea pedir demasiado. Es una señal de que os queréis como iguales. Esa es la clave. Si nos queremos como iguales quiere decir que podemos no estar de acuerdo y aun así querernos.

6. Pregunta: ¿tengo que pronunciarme cada vez que salga el tema de la atracción hacia personas del mismo sexo?

Depende de lo que quieras decir con «pronunciarme». Ciertamente, siempre deberías dar testimonio de tu fe a través de tu vida. Es una manera de «pronunciarse». Pero ese testimonio puede tomar diferentes formas según la situación.

Por ejemplo, a menudo a la Iglesia se la presenta como intolerante o como si estuviera obsesionada por evitar que la gente haga lo que quiere hacer. Se la presenta como si solo se dedicara a prohibir, en toda circunstancia. En cuanto a la atracción por personas del mismo sexo, la Iglesia no solo dice que no. La Iglesia dice que las personas que la experimentan tienen dignidad y que pueden tener una vida santa. Afirma que son capaces de vivir la castidad, ordenando su sexualidad al servicio de Dios, y que pueden tener una vida cristiana plena, tal y como todos estamos llamados, incluido los solteros. La Iglesia dice que pueden y deben amar a todos, sin que sea de manera erótica.

Aún más, también podemos pronunciarnos cuando no tratamos todo lo que conforma la relación entre dos personas del mismo sexo como algo malo, o cuando no nos centramos únicamente en lo que consideramos equivocado en una relación así. Podemos reconocer lo que hay de positivo en ella, sin por ello apoyar todos los aspectos de esta ni dar la impresión de que aprobamos aquello que nos parece contrario a la enseñanza de Jesús o al plan de Dios para la sexualidad del ser humano.

Dicho esto, habrá veces en las que pronunciarnos querrá decir expresarnos en voz alta, y hacerlo de manera provocadora. Si, en general, se nos percibe como personas afables, comprensivas, dispuestas, que quieren el bien de los demás y que están dispuestas a ver el bien allí donde lo hay, hasta en lo que consideramos un mal o un problema, estarán más dispuestos a escuchar lo que tenemos que decir, aunque se lo tomen como una crítica.

7. Pregunta: ¿y si mi hijo y su pareja me invitan a su boda?

Mientras nuestra cultura siga avanzando hacia la normalización generalizada de las relaciones entre personas del mismo sexo, cada vez más y más los cristianos se encontrarán ante este dilema.

Esta es mi opinión al respecto. ¿Qué significa ir a una boda? ¿Qué dice de ti el hecho de que estés presente en una boda? Sabemos que aquellos que asisten a una boda son, en cierto sentido, testigos. Por supuesto, hay testigos oficiales en una boda, pero todos los invitados hacen de testigos de la promesa que la pareja va a hacer. No es que simplemente asistas a la boda; eres testigo. Nuestra presencia en una boda normalmente implica cierta aprobación y apoyo de lo que se va a celebrar.

Esto significa, por supuesto, que habrá muchas bodas a las que un católico no pueda asistir con la conciencia tranquila. Un segundo matrimonio cuando el primer esposo de la persona sigue vivo (a menos que la Iglesia declare que la ceremonia del primer matrimonio no creó ningún vínculo permanente); una boda de un católico celebrada ante el juez de paz, o en el campo de alguien, o en la playa, sin ningún permiso especial, o una boda civil entre dos personas del mismo sexo. Todos son inválidos según el derecho canónico y las enseñanzas de la Iglesia católica. No podemos participar en estas ceremonias matrimoniales, sea más o menos cercana nuestra relación con la novia o el novio.

Quizá suene hostil o difícil de realizar. Pero, en realidad, aunque sea difícil, no es hostil. Es solo una consecuencia de nuestro ser discípulos de Cristo. Jesús dice que, si nos encontramos en una situación en la que un padre, madre, hermano o hermana amenaza con interponerse entre Él y nosotros, debemos elegirlo a Él si queremos ser sus discípulos (Lc 14,16; cf. Mt 10,37). Si no estoy dispuesto a tomar esta decisión, no estoy dispuesto a ser cristiano en el momento más decisivo.

Además, el escándalo existe. Escandalizar, en el sentido cristiano, no significa simplemente causar impacto; significa actuar de tal modo que, en efecto, llamemos a lo malo bueno o viceversa. De esta forma, con nuestro mal ejemplo, acabamos animando a los demás a hacer algo malo.

Como he dicho antes, aquellos que esperan de nosotros que los aceptemos con amor, aunque tomen decisiones que nos parecen incorrectas, no pueden negarse, consecuentemente, a aceptarnos cuando tomamos decisiones que a ellos les parecen incorrectas. Como cristianos, tenemos el derecho de pedir que nos respeten, igual que ellos lo esperan de nosotros. Quizá tengamos la tentación de pensar: «Quiero a mi hijo y tengo que ir a su boda para demostrarle que lo quiero». Me parece comprensible que alguien lo crea así. Pero, de hecho, solo porque tu hijo piense que está haciendo lo correcto no significa que, como prueba de amor, tenga el derecho de forzarte a hacer algo en contra de tu conciencia o a actuar públicamente de tal manera que, a tu juicio, confunda a los demás.

No hay duda de que lo que digo puede ser difícil. Quizá suponga un desafío encontrar la manera de transmitir a tu hijo que lo sigues queriendo, pese a que no puedes asistir a su boda con la conciencia tranquila. Pide al Señor la fuerza y el amor para permanecer firme para con tu hijo, y pide que le ayude a saber que lo sigues queriendo.

8. Pregunta: me han pedido ser el padrino de mi sobrino. Mi hermano y su esposo son sus padres adoptivos. ¿Qué debo hacer?

La Conferencia Episcopal de los Estados Unidos declaró que «el bautismo de niños al cuidado de parejas del mismo sexo presenta una seria preocupación pastoral. Sin embargo, la Iglesia no niega el sacramento del bautismo a estos niños, pero debe haber una bien fundada esperanza de que los niños serán educados en la religión católica»[53]. Esto nos plantea una cuestión importante sobre el bautismo: el problema no es la ceremonia, sino el impacto que tendrá en la vida de la persona que lo recibe.

---

53 CONFERENCIA EPISCOPAL DE LOS ESTADOS UNIDOS, *Ministry to persons with a homosexual inclination: guidelines for pastoral care* (Washington D.C. 2016) 21 [ed. esp. *Ministerio a las personas con inclinación homosexual: directrices para la atención pastoral* (Washington, D.C. 2016) 23].

A veces, la Iglesia puede pedir a un sacerdote que retrase la celebración del bautismo si existe la preocupación de que los padres del niño no puedan o no estén dispuestos a educar a su hijo en la fe o a invitarle a recibir el resto de sacramentos. Cuando aquellos que han adoptado al niño viven como pareja en una relación sentimental y sexual, están actuando públicamente de manera contraria a una enseñanza importante de la fe: la moral de la intimidad sexual. Puesto que su relación es pública, no es solo apropiado, sino necesario que su párroco hable con ellos al respecto. Si no están dispuestos a considerar la llamada de la Iglesia a abrazar la castidad, difícilmente podrán ser capaces de educar a sus hijos en la fe, puesto que ellos mismos no la están viviendo plenamente.

Si están abiertos a esforzarse por vivir conforme a lo que la Iglesia enseña, esto ayudará al sacerdote a tener la esperanza fundada de que transmitirán esta enseñanza a su hijo. Aquí es donde entra el papel de los padrinos. Los padrinos asumen la responsabilidad de ayudar a los padres a educar a su hijo en la fe, y a que ellos mismos —los padres— vivan la fe más plenamente. Si asumes el papel de padrino de tu sobrino, también te comprometes con tu hermano y su pareja a cuidar de que vivan como buenos cristianos y de que acojan la voluntad de Dios para sus vidas.

LA PREGUNTA DEFINITIVA

A lo largo de este libro he escrito sobre las vivencias de personas que se identifican como gais o lesbianas. No obstante, no he privilegiado estas narraciones de sus vivencias en detrimento de la doctrina católica. Me entristece que algunos católicos con atracción por el mismo sexo tengan lo que puede parecer una actitud de excepcionalismo, es decir: la idea de que son una excepción a las enseñanzas de la Iglesia. En otras palabras: «Las enseñanzas de la Iglesia no me conciernen porque...».

Las razones que algunas personas que se identifican como gais o lesbianas dan para justificar por qué las enseñanzas de la Iglesia no son válidas para ellos son de todo tipo: «Porque siempre me he sentido así»; «porque las parejas heterosexuales tampoco llegan a vivir según los criterios de la Iglesia»; «porque el que me sienta así no es culpa mía»; «porque la Iglesia no ha escuchado las vivencias de los católicos gais y lesbianas»; «porque la jerarquía de la Iglesia no sabe lo que es vivir lo que yo vivo»; «porque no puedo dejar de sentir esto simplemente rezando»; «porque solo quiero que alguien me conozca íntimamente y me quiera».

«Dios mío, sé lo que quieres de mí. Pero yo quiero lo que quiero». Si así es como lo ves, entonces quiero darte oficialmente la bienvenida a lo que significa ser humano. Las personas con atracción hacia el mismo sexo no son las únicas a las que les cuesta hacer la voluntad de Dios. Todos estamos llamados a decir sí a Dios en nuestra manera de vivir. Todos sentimos, de diversas maneras, la tentación de decirle que no y actuar según nuestra voluntad y en contra de la de Dios. A veces nos creemos que somos una excepción, pero en realidad no lo somos. No solo los católicos que se identifican como gais o lesbianas tienen la tentación del excepcionalismo. Todos estamos tentados de crear excepciones solo para nosotros. Todos estamos tentados de decir: «Sé que es lo que el Señor pide, pero es que en mi caso no es lo mismo». Estamos en el mismo barco, aunque nuestra vivencia de este viaje en barco sea algo diferente. Por eso, cuando estoy dando una charla sobre las enseñanzas de la Iglesia respecto a este tema, repito constantemente que esto no va de ellos por un lado y de nosotros por otro: nos incumbe a todos. Esto va de nosotros. Todos estamos llamados a la santidad.

Como cristianos, tenemos que tener una amistad más fuerte con Jesús que con el mundo. Esto significa que en nuestra vida tenemos que decir sí a Jesús, antes que a todo lo demás. Como consecuencia, quizá llegue un momento en el que tenga que decir que no a algunas cosas para poder decirle sí a Jesús, la amistad que está por encima de todo lo demás. Pero, una vez más: es así para todos, los que sienten atracción hacia personas del sexo opuesto o del mismo.

Todo se resume en una pregunta: ¿confío?

Como Eva en el jardín, estoy tentado de no confiar en que obedecer a Dios me dará más plenitud en la vida que desobedecerle (cf. Gén 3,1-6).

Como el hijo pródigo, estoy tentado de no confiar en que el Padre me sigue queriendo y que soy de su familia (cf. Lc 15,11-32).

Como la hermana Melanie, estoy tentado de no confiar en que Dios conoce mis verdaderas raíces, mi historia y mi destino.

Como todo el que está cansado de luchar, estoy tentado de cuestionar si todo esto merece la pena.

Como todo el que se siente solo, estoy tentado de no confiar en que conoceré el amor en todo su esplendor siguiendo el camino que Jesús me marca.

Jesús nos muestra a mí y a ti el camino.

Como Jesús en el huerto de los olivos, quiero confiar en el Padre incluso ante la muerte (cf. Mt 26,36-46).

Como Jesús en la cruz, quiero confiar en el silencio del Padre y encomendar en sus manos mi espíritu (cf. Mt 27,45-50).

Como Jesús, aun con su genealogía y sus difíciles comienzos, quiero confiar en que el Padre conoce mis verdaderas raíces, mi historia y mi destino.

Como Jesús en el desierto, quiero perseverar teniendo en mente la meta (cf. Mt 4,1-11).

Dios tiene un plan para tu vida. Dios tiene un propósito para las vidas de aquellos a los que amas. Confíaselo todo a Él.

Este libro se terminó de
editar en Madrid
el 26 de junio de 2025,
festividad de san Pelayo.

BIBLIOTHECA
HOMO
LEGENS

Made in the USA
Monee, IL
13 September 2026

62988809R00132